Krav-Maga

Méthode Officielle de Self-Défense

Tome II - Programme de la Ceinture Verte

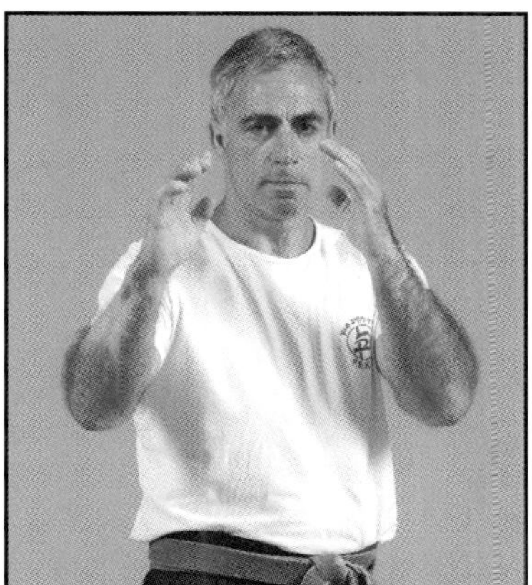

Par Richard Douieb

Représentant officiel en Europe du Fondateur du Krav-Maga, Imi Lichtenfeld

Les textes de ce livre sont de Richard Douieb. Les photos sont de Johann Vayriot. Couverture : MDV Communication.

Krav-Maga Tome II Programme de la Ceinture Verte
est une publication de Europ-Mag
44 avenue George V, 75008 Paris, France.
Tél. : 01 49 52 14 10
Fax. : 01 49 52 14 44

ISBN : 978 2 907736 48 0

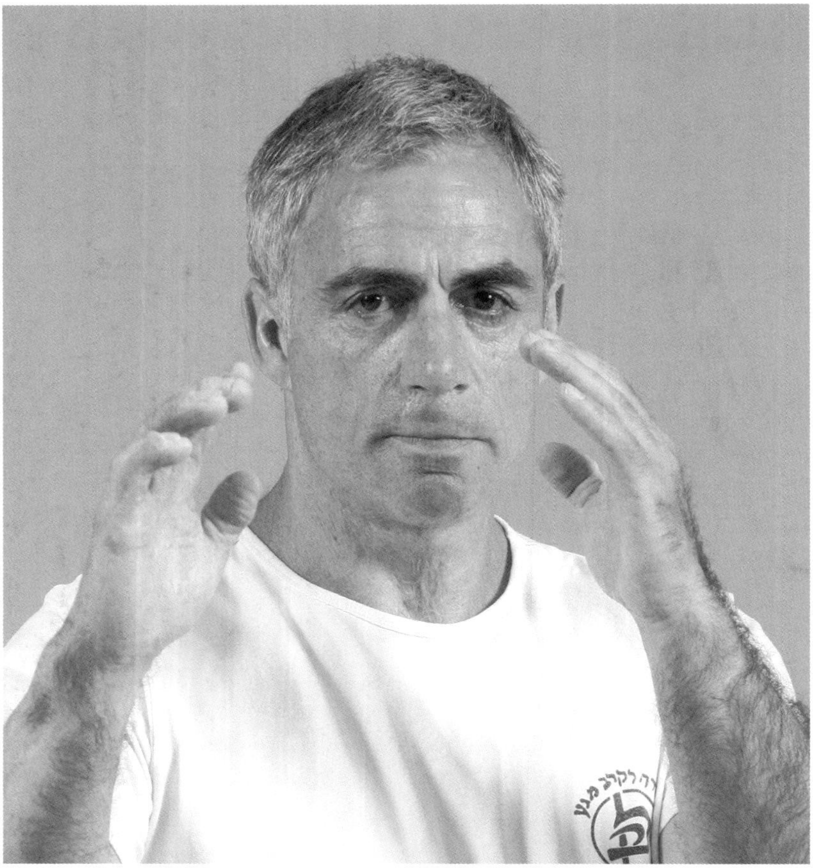

SOMMAIRE

FEDERATION EUROPEENNE DE KRAV MAGA-RD
ISRAELI MARTIAL ART
WWW.KRAV-MAGA.NET

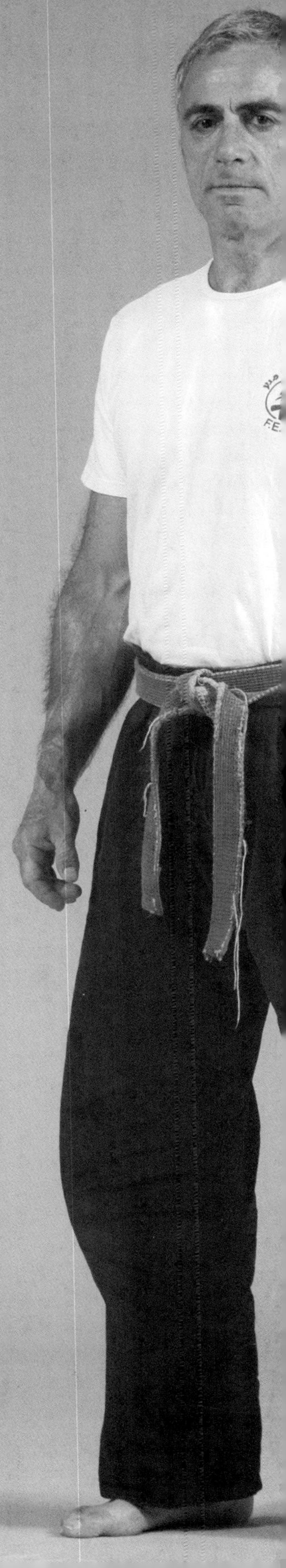

Richard Douieb vous répond :

pour mieux comprendre le Krav-Maga

Le Krav-Maga possède une réputation de sport de combat violent. Y a-t-il un risque à pratiquer ?
Le Krav-Maga est brutal, sans concession mais pas ses pratiquants ! Ce qui signifie que l'apprentissage doit avoir lieu avec des consignes de sécurité strictes et toujours dans le respect d'autrui. Ceci dit le Krav-Maga est un sport de contact et dire que l'on travaillera régulièrement sans jamais avoir un bleu ne serait pas correct.

Pourquoi des combats en général, des combats souples et avec des protections en particulier ?
Le Krav-Maga est divisé en deux parties : la self-défense et le combat. La self-défense permet d'envisager toutes les situations et tous les angles d'attaques et de défenses. Celui qui ne s'intéresse qu'à cette partie en a le droit et mérite le même égard que les autres. Ceci dit la self-defense elle-même est incomplète sans la partie combat. Comment, en effet, apprendre la vision du combat, le timing, la gestion de l'effort et des distances qui changent tout le temps sans le combat ?
Concernant l'utilité des protections : dans la rue, il est vrai nous n'en portons évidemment pas. Les pratiquants qui sont des purs et durs travaillent sans coquille. Résultat : ils ne donnent jamais de coups (et heureusement !) aux parties génitales. Pire, ils ne prennent pas l'habitude de s'en défendre. Pour apprendre à donner un coup de pied circulaire efficace dans les jambes, il faut avoir eu l'occasion de le travailler sans compter, en toute sécurité : avec la sécurité qu'apportent les protège-tibias. Si le travail est continuellement dur, inévitablement des blessures surviendront. Que va t-il se passer dans le psychisme du pratiquant blessé ? Va t-il s'endurcir pour autant ? En fait le contraire adviendra. Celui-ci va perdre de l'assurance.
Par conséquent, le combat souple ou mi-souple avec protections doit permettre d'apprendre en sécurité le travail de combattant.

Comment se déroule l'apprentissage d'un débutant ? Existe-t-il des ceintures ?
Depuis les années 60, Imi Lichtenfeld, le fondateur, avait adopté le système classique des ceintures, qui permet au pratiquant de savoir où il se situe, mais aussi à l'enseignant de connaître le niveau technique de son élève pour une meilleure progression. Ainsi, la 1ère

année de pratique régulière, l'élève peut passer les ceintures jaune et orange puis le rythme est d'une ceinture par saison sportive. Ce qui veut dire qu'un pratiquant devient ceinture noire en 5 ans.

A qui s'adresse le Krav-Maga ? Y a-t-il une limite d'âge ? Les femmes peuvent-elles aussi pratiquer ?
Les cours s'adressent à tous mais essentiellement à partir de 15 ans. On peut pratiquer plus jeune, il faut alors orienter les cours en fonction : alterner par exemple jeux éducatifs pour la motricité comme pour les valeurs de partage et de travail en commun.

Pourquoi apprendre à tomber ?
On entend parfois cette assertion : « Dans la rue c'est trop dangereux de tomber donc on apprend à ne pas tomber pour éviter d'être au sol ». Il est vrai qu'un boxeur apprend à éviter les directs du gauche, un judoka apprend à faire tomber son partenaire tout en évitant de chuter lui-même. Mais quel boxeur n'a jamais pris un coup ou quel judoka n'est jamais tombé ? Essayer de ne pas tomber d'accord, mais qu'arrive t-il si on tombe quand même et qu'on n'est pas préparé à cela ? Personne ne peut dire que cela n'arrivera pas.
Il faut s'attendre à tout pour augmenter ses chances.

Quelle condition physique est requise pour pratiquer le Krav-Maga ?
Cela dépend de l'engagement que vous souhaitez mettre dans votre pratique. Le Krav-Maga ne nécessite pas une condition physique particulière. Pendant les cours, la condition physique est travaillée progressivement durant l'année. Ceci dit, il est tout à fait possible de continuer à l'entretenir et à la développer en dehors des cours !

Il n'existe pas de club proche de chez moi. Comment faire ?
Pour vous former à notre discipine, vous pouvez recourir aux stages que nous proposons. Des moniteurs se sont formés ainsi.
Il est néanmoins nécessaire de continuer à pratiquer avec un ami par exemple entre les stages pour progresser.

Y a-t'il des compétitions en Krav-Maga ?
Dans les sports de combat pratiquant la compétition, l'instauration de règles est indispensable pour l'intégrité des participants.
Le Krav-Maga étant une self-defense, il est nécessaire de ne pas s'enfermer dans des règles. En effet, dans une agression de rue, tous les coups sont permis. Par conséquent, il n'y a pas et il n'y aura jamais de compétition en Krav-Maga.

Doit-on pratiquer autre chose en plus du Krav-Maga pour être efficace ?
Le Krav-Maga est une discipline complète et son programme technique est chargé. Ceci dit, il est toujours intéressant, si on a le temps, de s'intéresser à d'autres sports de combat. Toutefois, il est nécessaire de toujours garder à l'esprit la logique du Krav-Maga et de ne pas « tomber » dans la spécialisation de telle ou telle discipline.

Comment devient-on enseignant de Krav-Maga ?
Nous avons 2 niveaux d'enseignants.
Le 1er niveau correspond à « Initiateur » : pour devenir Initiateur en Krav-Maga, il faut :
- être titulaire de l'Attestation à la Formation aux 1ers Secours (ou équivalent) ;
- participer à un stage d'initiation proposé par un de nos Moniteurs (au cours duquel le programme technique de la ceinture jaune à la ceinture verte sera travaillé)
- et participer à 2 stages longs (été ou hiver). A l'issue de ces stages, le candidat est évalué et s'il réussit, il pourra être Initiateur. Pour les candidats ceintures vertes, la participation à 2 stages longs suffit. Concernant le secteur France, le titulaire de ce diplôme peut assister l'enseignant dans ces cours, il ne peut ouvrir un club en autonomie.
Pour le 2e niveau de « Moniteur », il faut être ceinture noire.

Pourquoi des combats durs pour les passages de grades à partir de la ceinture verte ?
Personne n'étant obligé de passer l'examen des ceintures, il est possible de pratiquer sans se forcer à passer cette épreuve. Pour ceux qui sont intéressés, il paraît indispensable que le pratiquant ait puisé en lui le courage nécessaire avant d'obtenir la ceinture noire. Sans le courage pas de Krav-Maga en tout cas pas complet.
De plus dans le combat, si un des deux partenaires a été durement touché, l'enchaînement qui suit doit être souple ou complètement stoppé. Dans le cas où un coup dangereux peut être porté il faudra le simuler en faisant preuve ainsi de lucidité, de sang froid, de maîtrise de soi et de respect d'autrui. Tout ce que l'on demande à un pratiquant d'arts martiaux.

Programme
Krav-Maga
Ceinture Verte

I. LES CHUTES

1. Roulade plombée

LE CONSEIL
La roulade doit être amortie et doit pouvoir s’exécuter sans danger sur un sol dur.

2. Roulade sur le côté

Cette roulade partant sur le côté est effectuée en ne posant qu'une main au sol. Comme toutes les roulades, elle doit pouvoir se faire à droite et à gauche.

I. LES CHUTES - FIN

3. Roulade sans se relever, amortie du bras

Lorsqu'il n'est pas possible de se relever directement comme lors d'une projection par exemple, il est important de maîtriser la roulade Judo. Là encore à droite comme à gauche.

II. LES COUPS DE PIEDS

II. LES COUPS DE PIEDS

1. Coup de pied de face, extérieur

Le Conseil
Les coups de pieds 1 et 2 peuvent être intéressants à utiliser en cas de menace contre couteau (à la distance appropriée) par exemple.

Le démarrage de ce coup de pied s'effectue alors que l'exécutant n'est pas en garde. En effet, si c'était le cas, l'agresseur sentirait qu'une réaction se prépare et pourrait alors attaquer directement sa victime.

2. Coup de pied de face, intérieur

Pour les mêmes raisons que précédement, on ne démarre pas l'action depuis une position de garde.

3. Coup de pied circulaire arrière, avec le talon

3. Coup de pied circulaire arrière, avec le talon, à trois niveaux : bas, moyen, haut - suite

LE CONSEIL
Pour que ce coup de pied soit efficace il est indispensable de le porter en l'accompagnant avec la hanche.

Comme on peut le voir sur les photos a, b et c, le coup peut viser la jambe (photo a), le buste (photo b) ou le visage (photo c). Notez que sur la photo c, le talon du pied d'appui est bien à plat sur le sol.

4. Coup de pied direct spécial corps à corps

Le coup est donné avec le pied arrière en ramenant le pied de la jambe d'appui en arrière simultanément. Le déplacement du pied d'appui vers l'arrière permet de redonner la distance nécessaire pour un coup efficace porté avec l'autre pied.

5. Coup de pied direct sauté, en ciseau

Cette technique n'est pas prioritaire en Krav-Maga, mais du fait qu'elle existe et qu'elle peut fonctionner, il nous faut la connaître. En encadré : la même technique effectuée à gauche.

6a. Coup de pied arrière retourné - uppercut

LE CONSEIL
Pour bien exécuter ce coup de pied retourné, on doit bloquer le buste juste après le pivot, lorsque l'on est dos tourné à l'adversaire.

Ces coups de pieds classiques ont démontré leur utilité. Le coup de pied de bas en haut (uppercut) sort des sentiers battus et illustre bien l'ouverture du Krav-Maga en dehors des règles communément admises.

6b. Coup de pied arrière retourné - direct

Peu importe la position finale du pied, l'essentiel étant que le dos soit orienté vers l'adversaire, permettant de partir en courant, juste après, si besoin est.

6c. Coup de pied arrière retourné - de côté

Cette fois-ci, on pivote plus vers l'adversaire dans l'éventualité de la suite du combat (bagarre).

6d. Coup de pied arrière retourné - circulaire niveau bas

Ici, il faut un engagement de la hanche obligatoire, pour un impact conséquent.

6d. Coup de pied arrière retourné - circulaire niveau moyen

6d. Coup de pied arrière retourné - circulaire niveau haut avec le talon

L'utilisation du *pao* est intéressante pour tous les niveaux. Il arrive que l'on sache frapper fort en haut, mais paradoxalement pas en bas. À travailler !

II. LES COUPS DE PIEDS - FIN

6d. Coup de pied arrière retourné - circulaire avec l'extérieur du pied

La différence avec le coup de pied précédent, c'est la partie du pied qui frappe. Le buste est positionné plus de face à présent. Précédemment, il était de côté.

III. DÉFENSES CONTRE COUPS DE POINGS

III. DÉFENSES CONTRE COUPS DE POINGS

1. Défense intérieure contre un coup de poing au visage

III. DÉFENSES CONTRE COUPS DE POINGS - SUITE

2. Défense extérieure contre un coup de poing au visage

Les techniques 1 et 2 dans leurs contre-attaques simultanées avec la défense sont elles aussi de bons exemples de nos particularités.

1. Défense intérieure en glissant sur le bras de l'adversaire. Fin de la défense en portant un coup de poing. Ici, cette défense est effectuée de l'avant-bras gauche contre un direct du droit.
2. Même principe en défense extérieure, en glissant sous le bras.

III. DÉFENSES CONTRE COUPS DE POINGS - SUITE

3a. Défense contre un coup de poing bas - blocage dur

III. DÉFENSES CONTRE COUPS DE POINGS - SUITE

3b. Défense contre un coup de poing moyen - blocage dur

Le Conseil

Il est important de ne pas trop pencher la tête en avant en l'exposant aux enchaînements de l'attaquant.

En Krav-Maga, un mouvement est dit *intérieur* quand il va vers l'*intérieur* par rapport à l'exécutant ; et il est dit *extérieur* quand il va vers l'*extérieur* du corps de l'exécutant.

3c. Défense contre un coup de poing bas ou moyen - extérieure chassée

3c. Défense extérieure en chassant le bras de l'adversaire ; la paume du défenseur est tournée vers l'extérieur. En encadré : la même technique effectuée avec l'avant-bras droit.

IV. DÉFENSES CONTRE DES ENCHAÎNEMENTS DE COUPS DE POINGS

IV. DÉFENSES CONTRE DES ENCHAÎNEMENTS DE COUPS DE POINGS

1. Défense contre enchaînement gauche-droit - avec parade chassée

1'. Défense contre droit-gauche

1. Pour optimiser l'efficacité de cette défense, il est conseillé d'effectuer la défense simultanément à la contre-attaque.

2. Défense contre enchaînement gauche-droit - avec retrait du buste

LE CONSEIL
Chaque attaque et chaque défense a ses failles. Ici, il faut garder en tête que des endroits comme le foie ou le bas du corps sont exposés ; c'est pourquoi on doit maintenir la position de retrait du buste juste le temps nécessaire à l'esquive.

2. Retrait du buste vers l'arrière au moment où l'adversaire donne le direct du gauche, et défense vers le bas en ramenant le buste vers l'avant et en attaquant simultanément en direct du droit.

3. Défense contre enchaînement gauche-droit - avec un contre simultané

3. Il serait préférable d'effectuer la défense avec l'autre main (main arrière), néanmoins si c'est la main ou l'avant-bras avant qui a réagi, il reste possible de se défendre contre le deuxième coup.

V. DÉFENSES CONTRE COUPS DE PIEDS DIRECTS

V. DÉFENSES CONTRE COUPS DE PIEDS DIRECTS

1. Blocage avec le dessus de l'avant-bras

1. Défense intérieure basse en tournant l'avant bras, déviation effectuée par l'extérieur de l'avant-bras, le poing fermé ; on avance dans le même temps et attaque de l'adversaire.
Cette parade ne peut s'exécuter que depuis une position naturelle, les bras le long du corps. Depuis la garde il faudrait baisser le bras pour dévier le coup de pied, ce qui prendrait du temps et découvrirait le visage pour un éventuel enchaînement en coup de poing de l'assaillant.

2a. Anticipation et coup de pied

2a. Changement de pied en venant sur le côté intérieur et de face de l'adversaire. Coup de pied aux parties génitales. L'exercice se fera de face ainsi qu'en position de combat.
Pour cette défense, le partenaire, bien que tenu d'être à la distance correcte de frappe, ne touchera pas sa cible. Pour cela, il laissera son genou fléchi. Le candidat devra porter une coquille.
Cette défense et contre-attaque ne sera possible que si l'attaquant est assez loin pour être obligé d'avancer légèrement au démarrage de son action. Si le défenseur bouge vers la droite et frappe simultanément du pied droit, son coup de pied ne pourra être porté que si l'attaquant frappe lui-même du pied droit. Si c'est le pied gauche, le défenseur pourra au moins neutraliser l'attaque.

2b. Esquive extérieure et coup de poing simultané

2b. Saut de côté et coup de poing simultané. L'exercice se fera de face, ainsi qu'en position de combat.
Cette technique est en principe réalisable lorsque le pratiquant est en déplacement dans le bon sens. L'attaquant donne son coup de pied direct. Le défenseur accélérant le mouvement dans la même direction (vers la gauche en garde droitier) peut ainsi logiquement exécuter l'exercice.

VI. DÉFENSES CONTRE COUPS DE PIEDS CIRCULAIRES HAUTS

VI. DÉFENSES CONTRE COUPS DE PIEDS CIRCULAIRES HAUTS

1. Blocage avec un avant-bras et contre-attaque au bas-ventre

REMARQUE
La simplicité de cette défense illustre bien un des principes importants du Krav-Maga.

Défense extérieure de l'avant-bras et coup de pied aux parties génitales. Bien que tenu d'être à une distance correcte de frappe, le candidat ne touchera pas sa cible. Pour cela il laissera son genou fléchi. Son partenaire portera une coquille

2. Blocage avec un avant-bras et coup de poing en contre

Même parade et, dans le même temps, avancée en diagonale, côté opposé du coup de pied de l'adversaire (avancée vers la gauche si le coup de pied est porté sur votre côté droit). C'est la partie externe musclée de l'avant-bras qui doit absorber le choc.

3. Blocage avec deux avant-bras et contre-attaque au visage

Rotation du buste et défense des deux avants-bras (sur la partie musclée intérieure) en avançant en diagonale, et attaque en contre du poing ou du pied. La défense des deux avant-bras précède naturellement le déplacement du pied.

VII. DÉGAGEMENTS D'ÉTREINTES AVANT

VII. DÉGAGEMENTS D'ÉTREINTES AVANT

1. Défense contre une étreinte fermée

La suite vue de l'autre côté

LE CONSEIL
La poussée des mains aux parties génitales n'a d'intérêt que si les deux protagonistes sont trop près pour donner directement un coup de genou.

Contre étreinte fermée (les mains sont prises) : poussée des mains aux parties génitales, coup de genou au même endroit, dégagement d'un bras et attaques. Le partenaire portera une coquille. Contrôle absolu du coup de genou du candidat.

VII. DÉGAGEMENTS D'ÉTREINTES AVANT - SUITE

2a. Défense contre une étreinte ouverte / poussée sur le nez

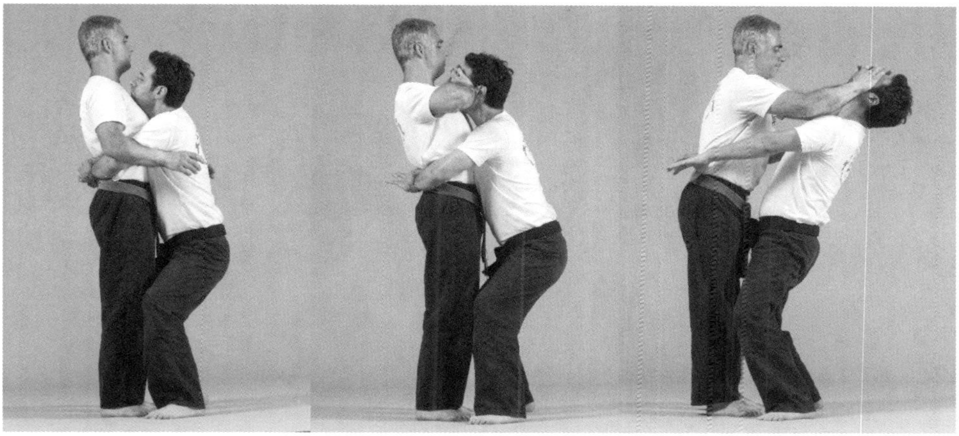

2b. Défense contre une étreinte ouverte / pouces dans les yeux

LE CONSEIL
Pour 2c, si l'assaillant n'a pas de cheveux, possibilité de lui tirer la tête en agrippant un œil.

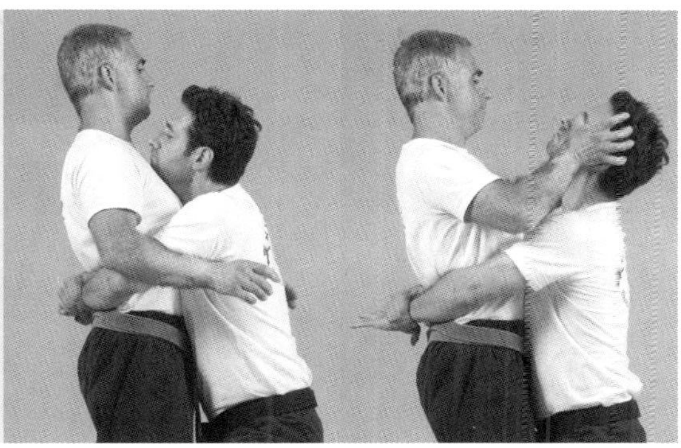

2c. Défense contre une étreinte ouverte / torsion de la tête

2a. Poussée du nez, surtout lorsque le menton de l'adversaire est plaqué contre la poitrine. 2b. Poussée des pouces dans les yeux. Cette technique n'est pas faite pour endommager les yeux, mais pour faciliter la poussée. 2c. On tire les cheveux et on effectue un mouvement de levier sur le menton.

VII. DÉGAGEMENTS D'ÉTREINTES AVANT - SUITE

3a. Défense contre une étreinte ouverte basse

Contre-attaques avec coups portés : coups de coude (sur la nuque) et coups de genou (aux parties génitales). Contrôle absolu des coups. L'étreinte ouverte, si elle est assez basse, favorise le coup de coude de haut en bas. Le coup de genou est réalisable si la saisie n'est pas trop basse.

3b. Défense contre une étreinte ouverte basse

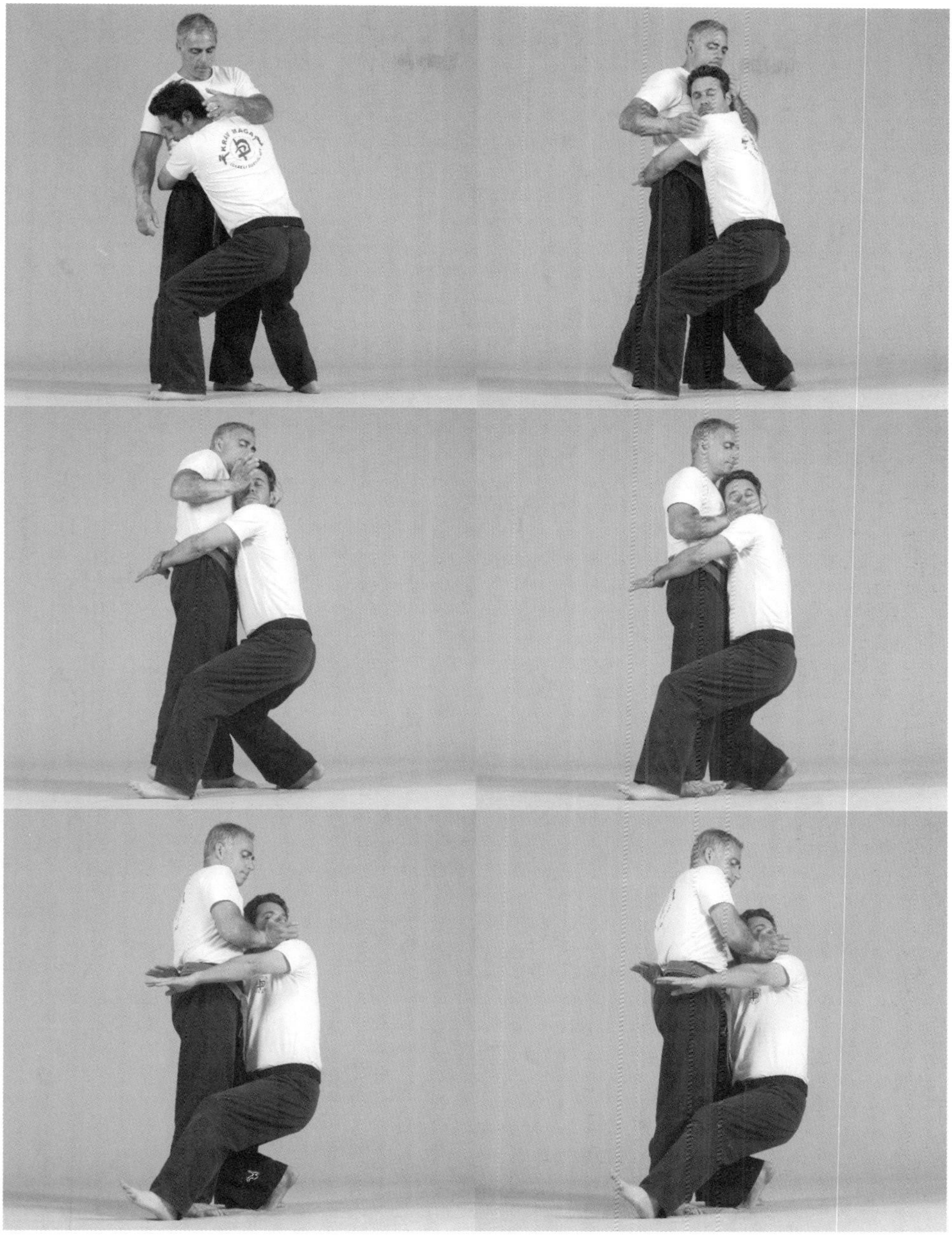

On tire les cheveux en frappant de la paume de l'autre main sur la face de l'adversaire, ensuite on effectue le mouvement de levier sur le menton.

VII. DÉGAGEMENTS D'ÉTREINTES AVANT - FIN

4a. Défense contre une étreinte fermée soulevée

4b. Défense contre une étreinte ouverte soulevée

4a. Etreinte fermée en soulevant : entourer de la jambe celle de l'adversaire, dégager la main puis coup de genou et attaque de la main. 4b. Etreinte ouverte en soulevant : coup de genou et attaque de la main. Il est important de s'entraîner à réagir le plus tôt possible avant la projection.

VIII. DÉGAGEMENTS D'ÉTREINTES ARRIÈRE

VIII. DÉGAGEMENTS D'ÉTREINTES ARRIÈRES

1. Défense contre une étreinte fermée

Etreinte fermée mains prises : coup de la paume entre les jambes, coup de talon sur le pied de l'adversaire, dégagement des bras et coup de coude arrière. La réaction doit être quasi immédiate car l'assaillant qui saisit ainsi peut tenter de soulever et de projeter.

VIII. DÉGAGEMENTS D'ÉTREINTES ARRIÈRES - SUITE

2. Défense contre une étreinte ouverte

Etreinte ouverte mains libres : on penche le buste en avant et on donne plusieurs coups de coude au visage avec contrôle absolu, coup de pied au tibia ou sur le pied, prise d'un doigt et levier. Demi-tour et coup de pied aux parties génitales, distance correcte et contrôle total.

3a. Défense contre une étreinte fermée soulevée

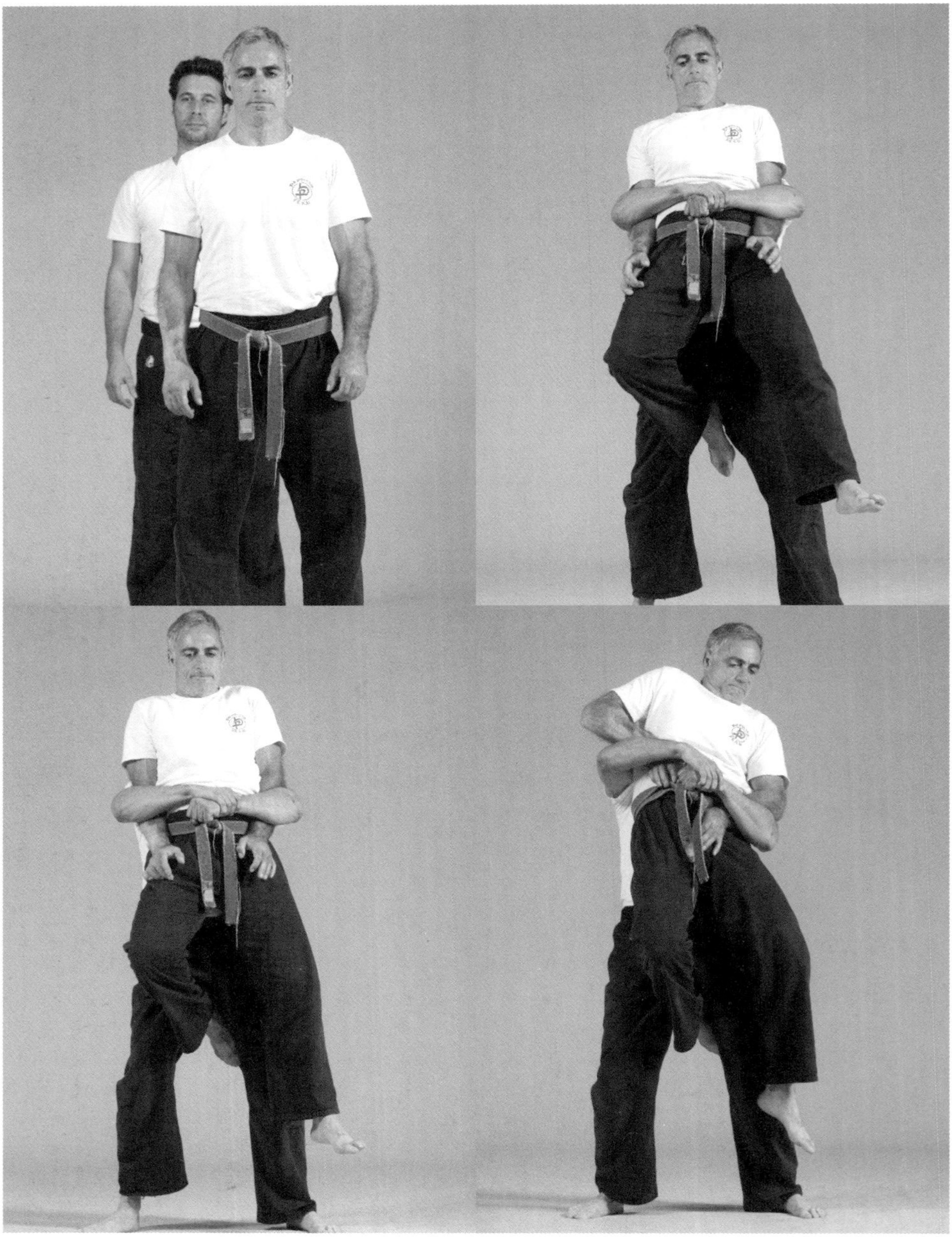

Etreinte fermée en soulevant : enroulement de la jambe autour de celle de l'adversaire, coup de pied uppercut aux parties, dégagement d'un bras et contre-attaques. Comme précédemment, la réaction ne doit pas se faire

3a. Défense contre une étreinte fermée soulevée - fin

attendre. Le coup de talon aux parties génitales empêchera la projection. Les contre-attaques se font avec au moins un coup de coude, puis un pivot et un coup de pied et/ou de poing.

VIII. DÉGAGEMENTS D'ÉTREINTES ARRIÈRE - FIN

3b. Défense contre une étreinte ouverte soulevée

Etreinte ouverte en soulevant : enroulement de la jambe autour de celle de l'adversaire, coup de pied uppercut aux parties, coup de coude et coup de pied au bas-ventre.

IX. DÉGAGEMENTS DE PRISES DE CHEVEUX

IX. DÉGAGEMENTS DE PRISES DE CHEVEUX

1. Défense contre une prise de face avec tirage en avant

Contre un agresseur tirant les cheveux vers lui : bond en avant avec un avant-bras en protection et coup de paume de l'autre main aux parties génitales. Le coup n'est pas porté et le partenaire porte une coquille. Le bras est en protection contre un éventuel coup de poing ou de pied. La main du même bras doit être prête à saisir. (Voir variantes pages 63 et 64).

2a. Défense contre une prise de face sans tirage

2a. Contre une prise de cheveu de face sans tirer : coup sur le dos de la main qui agrippe, blocage de cette main sur le crâne, torsion du poignet en se penchant vers l'avant. Dans le même mouvement on recule vers l'arrière et on contre-attaque en fonction (ici un coup de pied direct bas-ventre).

2a. Défense contre une prise de face sans tirage - Fin

Note : le coup sur le dos de la main doit être fort. Il permet dans la plupart des cas d'ouvrir la main de l'agresseur en facilitant la clé sur celle-ci. Ce coup est douloureux aussi pour le défenseur (sur le crâne à l'endroit de la prise de cheveux).

2b. Défense contre une prise de face sans tirage

2b. Même saisie. Le début de la défense est le même que précédemment (2a page 55), puis torsion du poignet du partenaire sur le côté et amené au sol en clé de coude ou d'épaule.

2b. Défense contre une prise de face sans tirage - Fin

Note : à la clé de coude ou d'épaule peut être associée une clé de poignet comme le montrent les photos ci-dessus.

2b. Défense contre une prise de face sans tirage - Détail

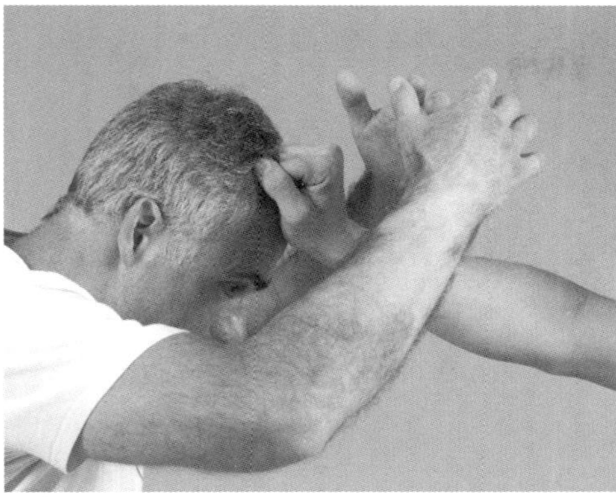
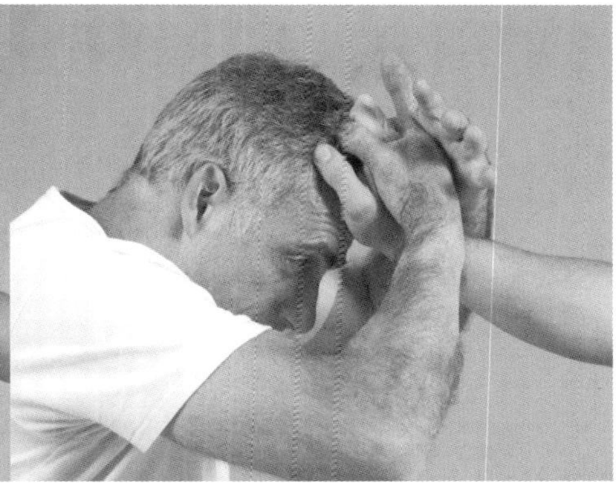
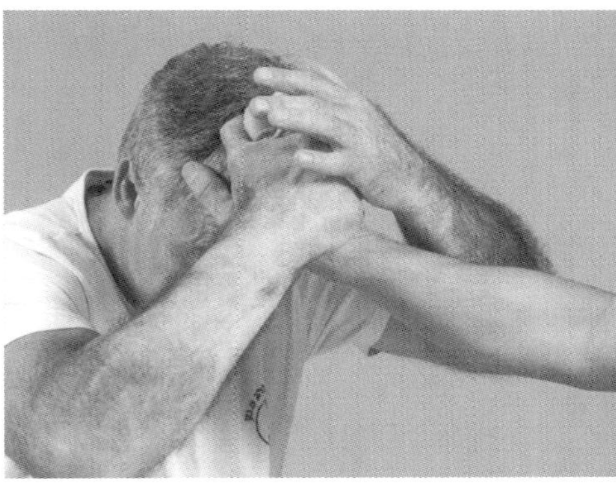
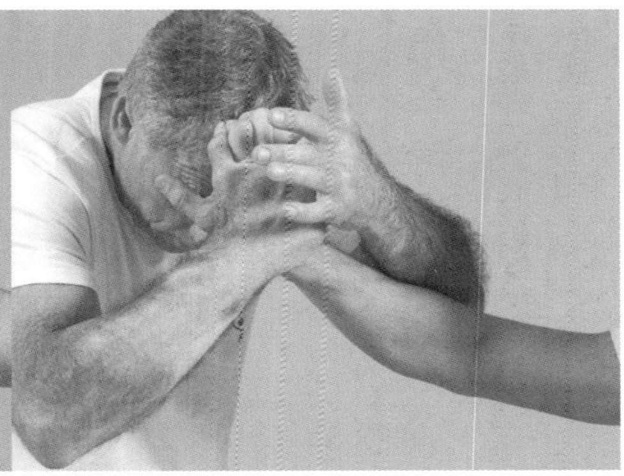
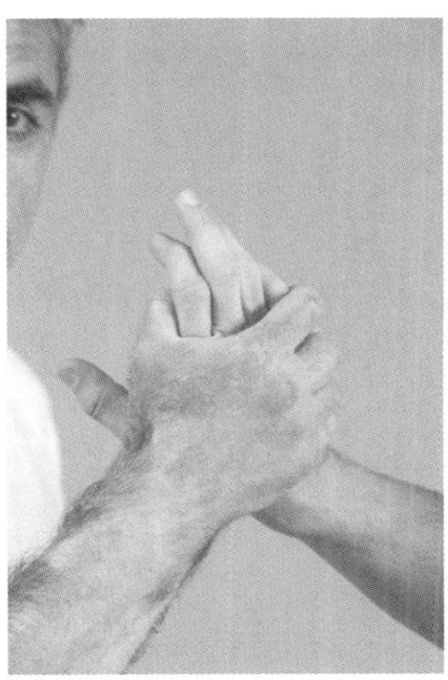

Nous avons deux possibilités de clés. La première, nous effectuons la pression vers le bas, et la seconde, sur le côté Plutôt que de choisir à l'avance la direction, on peut décider au dernier moment, en fonction de la réaction de l'attaquant.

IX. DÉGAGEMENTS DE PRISES DE CHEVEUX - SUITE

3. Défense contre une prise de côté avec tirage

Contre un agresseur tirant les cheveux sur le côté : avancée d'un bond en direction de l'adversaire, attaque de la paume aux parties génitales et du coude au visage ou à la gorge. Contrôle absolu des coups. Dans le déplacement du défenseur celui-ci doit positionner sa jambe derrière l'attaquant.

4. Défense contre une prise de côté avec tirage

Contre un agresseur tirant les cheveux en arrière ou sur le côté : retournement rapide ans la direction de la prise, attaque ccup de poing direct. Comme dans le 3 (page 60), le défenseur doit, non pas résister à la traction, mais l'accompagner dans un parfait équilibre.

IX. DÉGAGEMENTS DE PRISES DE CHEVEUX - SUITE

4bis. Défense contre une prise de côté avec tirage

Il s'agit de la même technique qu'en page 61 prise sous un angle différent, avec plus de détail dans le déplacement circulaire du défenseur.

5. Défense contre une prise de face avec coup de poing

Même type de défense qu'en page 54, mais en bloquant un coup de poing au visage par l'intérieur. Bond en avant avec blocage et coup de paume de l'autre main aux parties génitales. Le coup n'est pas porté et le partenaire porte une coquille.

IX. DÉGAGEMENTS DE PRISES DE CHEVEUX - FIN

6. Défense contre une prise de face avec coup de genou

Même type de défense qu'en page 54, mais en bloquant un coup de genou remontant. Flexion en avant avec blocage et coup de paume de l'autre main aux parties génitales. Le coup n'est pas porté et le partenaire porte une coquille.

X. DÉGAGEMENTS DE PRISES DE MAINS AU SOL

L'AGRESSEUR EST ASSIS SUR LE DÉFENSEUR

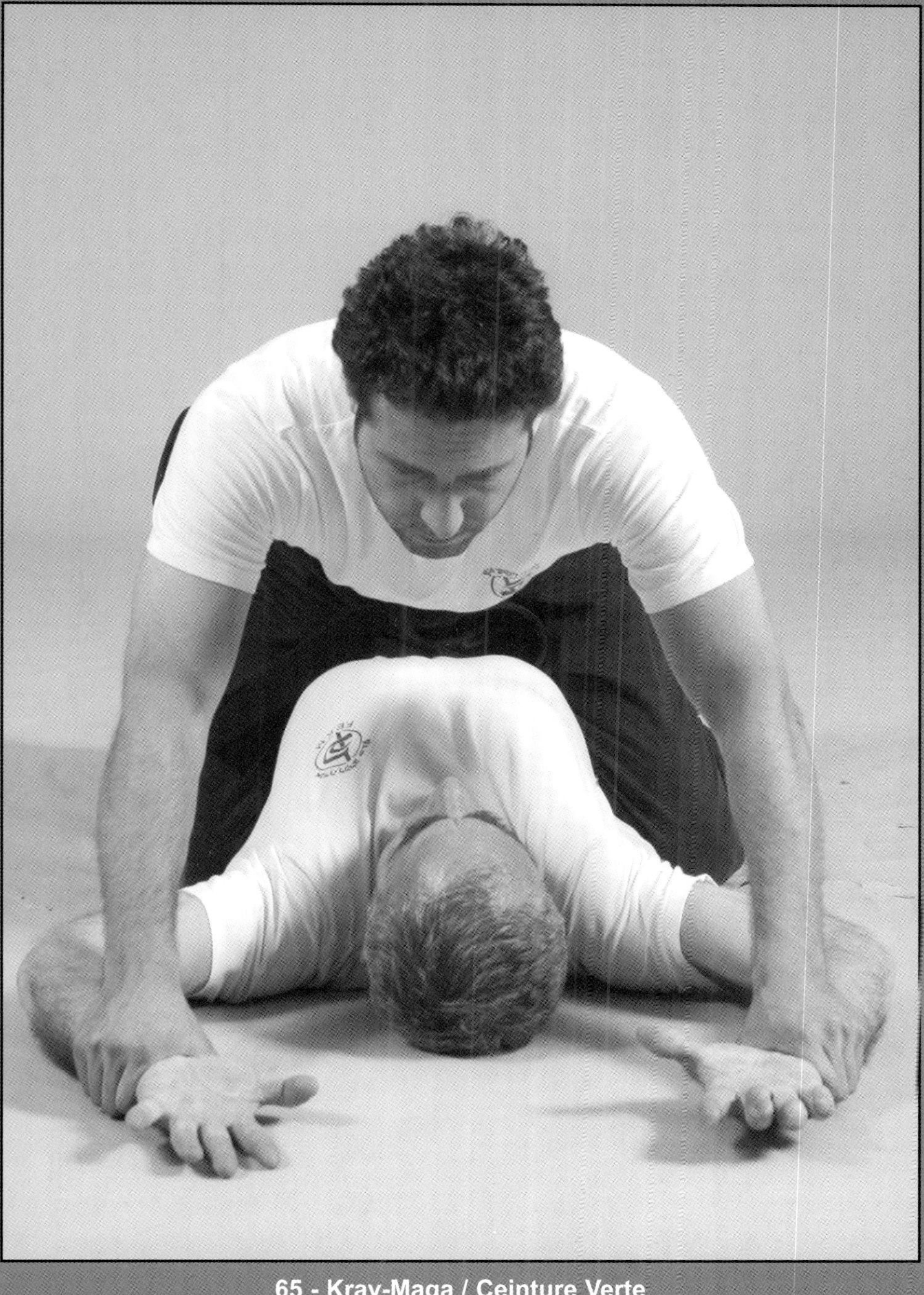

KRAV-MAGA, LE TOME I

Vous pouvez commander le Tome I, Programme Ceinture Jaune et Ceinture Orange, à Europ-Mag, 44 avenue George V, 75008 Paris. Tél. 01 49 52 14 10.

1bis. Défense en ramenant les bras

Les bras sont tirés vers le bas en même temps qu'on soulève les hanches. Projection de l'adversaire en diagonale vers l'avant. Contre-attaque avec coup de paume ou coup de poing au bas-ventre.

2. Défense avec torsion du poignet

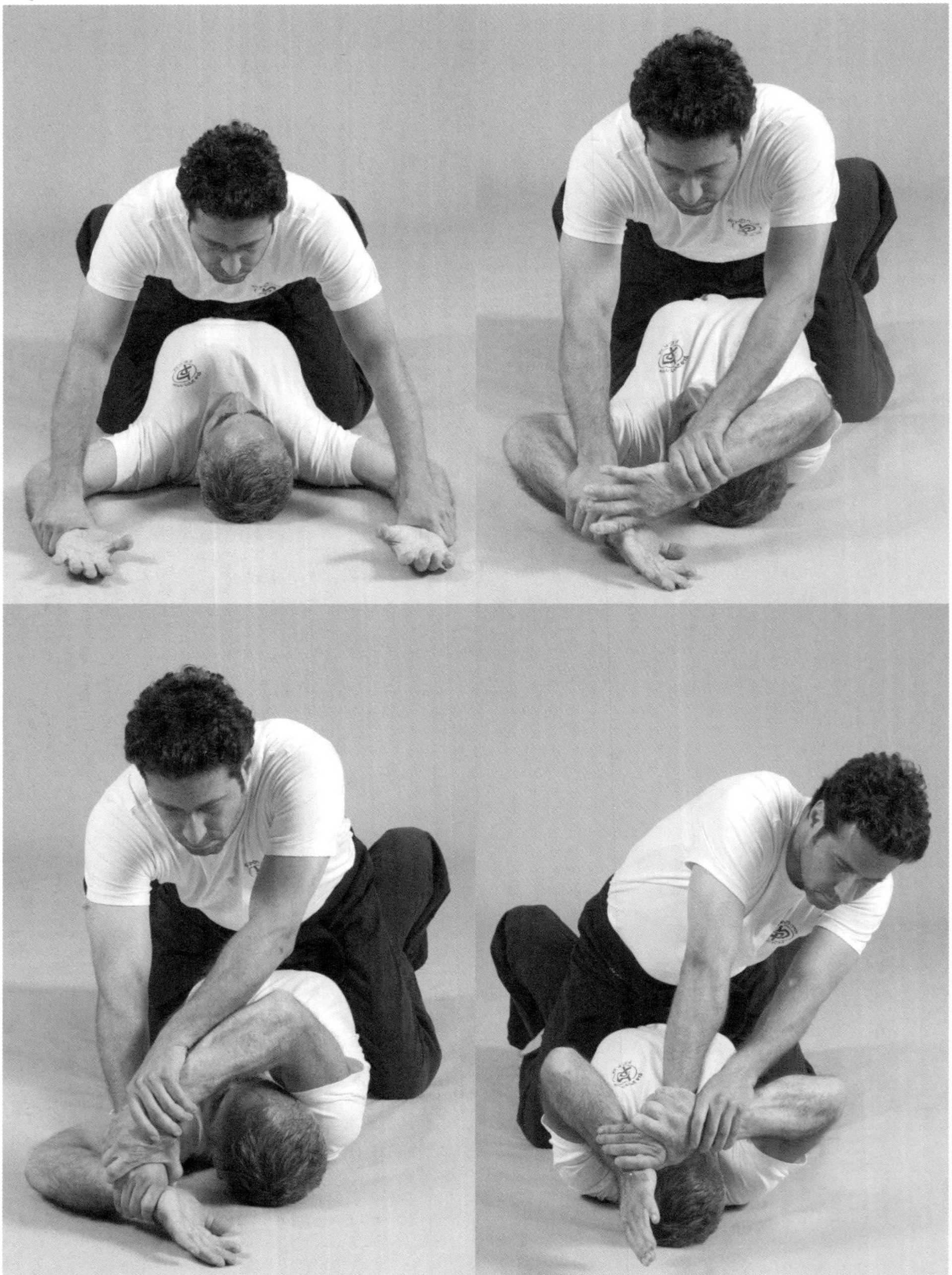

Rapprochement des mains puis prise du dos de la main de l'adversaire et torsion du poignet et du coude, en effectuant un pivot avec votre corps.

2. Défense avec torsion du poignet - suite

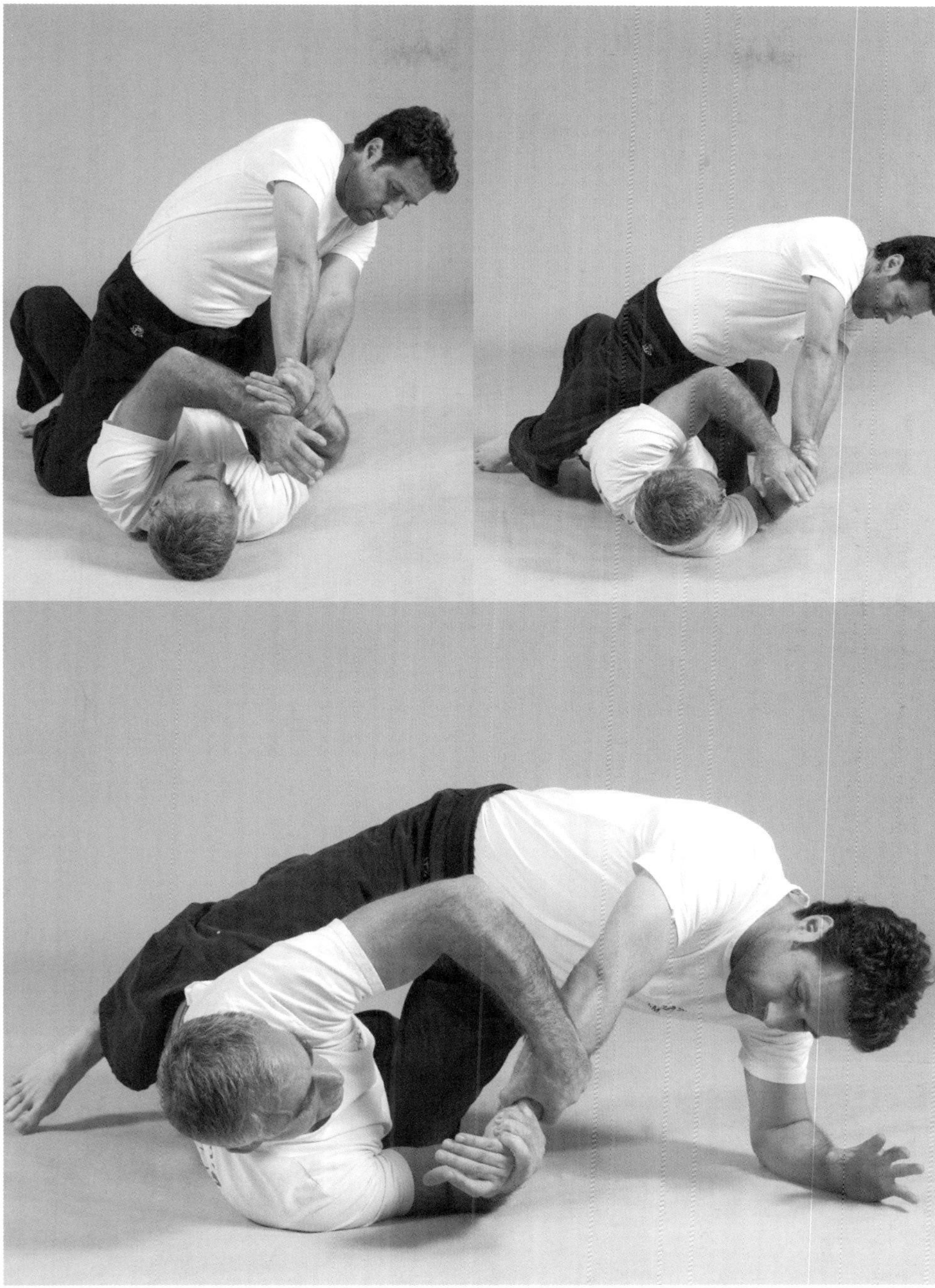

Basculez l'adversaire sur le côté en tenant toujours fermement son poignet et son avant-bras..

X. DÉGAGEMENTS DE PRISES DE MAINS AU SOL - SUITE

2. Défense avec torsion du poignet - suite

Vous effectuez ici une clé de coude et d'épaule, que vous pouvez associer à une clé de poignet en repliant le poignet de l'agresseur sur lui-même.

2bis. Défense avec torsion du poignet

Même enchaînement effectué de l'autre côté. Dans le 1 comme le 2, il est préférable de commencer la défense avant que les bras soient cloués au sol, nécessitant ainsi moins de force pour l'exécution de la technique.

2bis. Défense avec torsion du poignet - fin

Le fait de tendre la jambe vous permet d'avoir une meilleure stabilité et un meilleur contrôle de la technique, tout en appuyant plus fortement sur le dos de l'adversaire.

XI. DÉGAGEMENTS D'ÉTRANGLEMENTS AU SOL

L'AGRESSEUR EST ASSIS SUR LE DÉFENSEUR

XI. DÉGAGEMENTS D'ÉTRANGLEMENTS AU SOL

1. Défense avec pique aux yeux

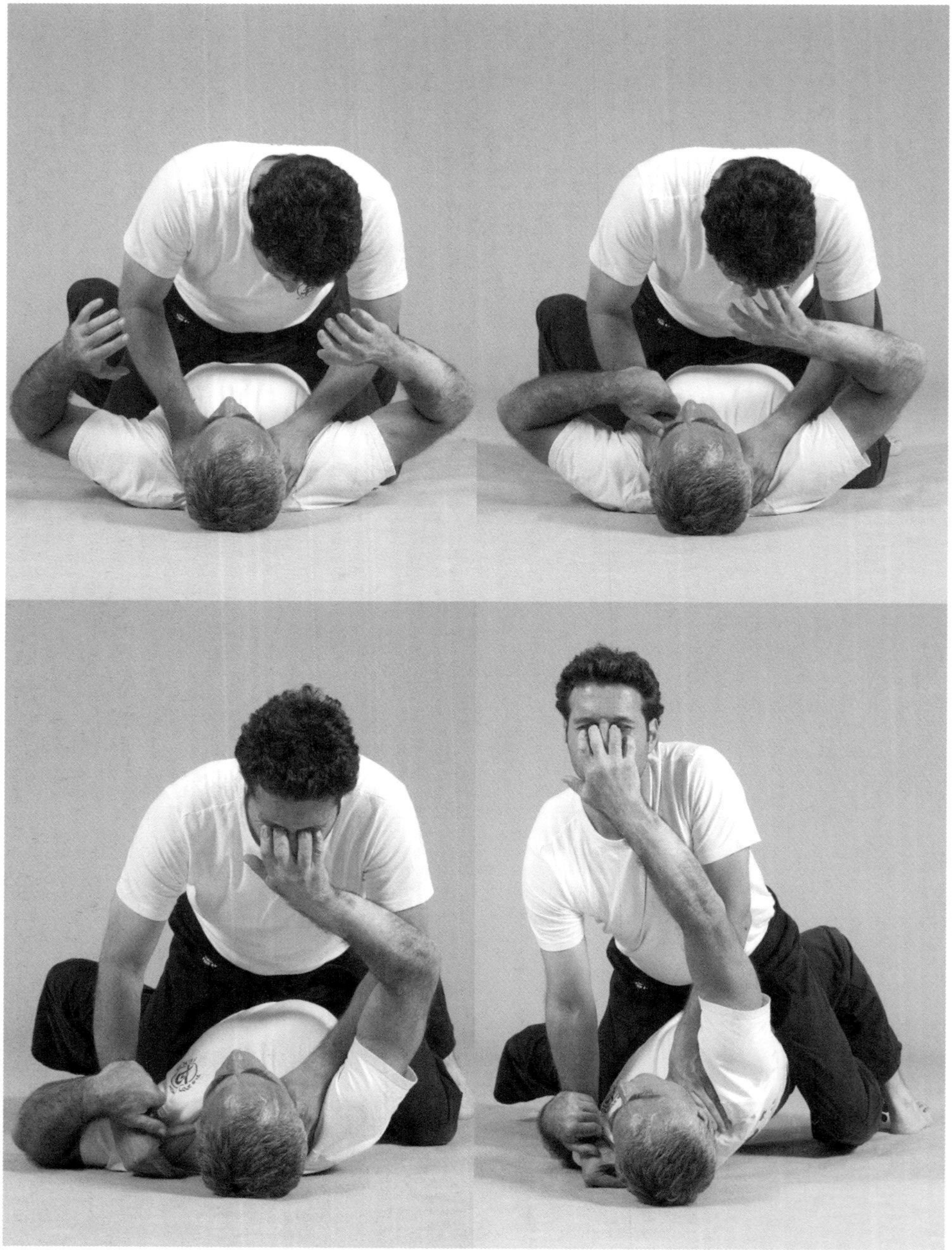

Dégagement d'une des mains qui étranglent et coup porté avec les doigts de l'autre main vers les yeux Pour pouvoir le faire, il faut que le visage de l'attaquant soit suffisamment proche.

2. Défense avec pique à la gorge

LE CONSEIL
Si la gorge est à portée de contre-attaque, nous avons la possibilité d'amoindrir considérablement la résistance de l'agresseur.

Crochetage vers le bas d'une des mains qui étranglent, poussée vers le haut avec une pique des doigts à la gorge et suite en fonction des possibilités que nous offre l'attaquant.

XI. DÉGAGEMENTS D'ÉTRANGLEMENTS AU SOL - SUITE

3. Défense avec crochetage des mains

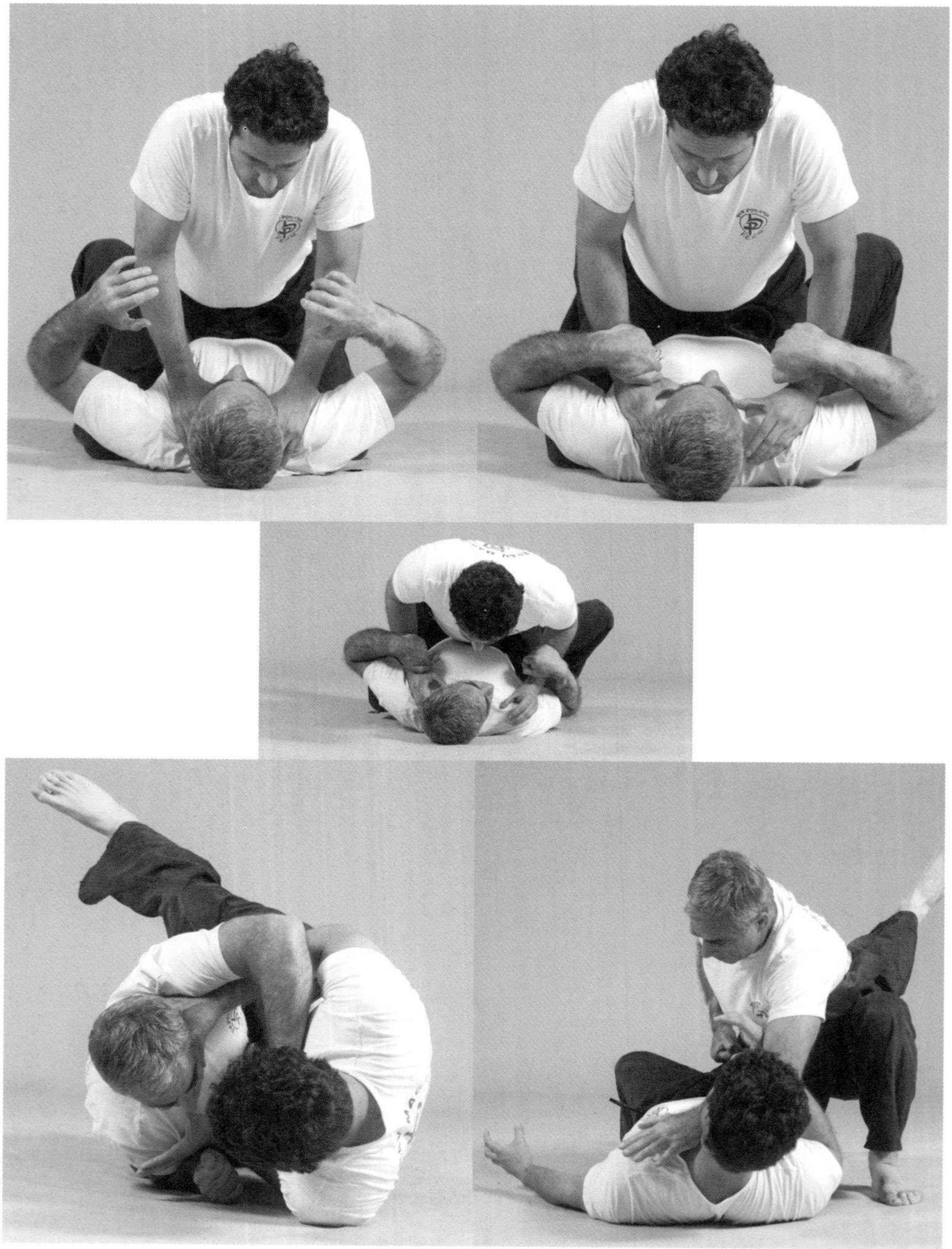

Crochetage vers le bas des mains qui étranglent, poussée du bassin et projection de l'agresseur en diagonale vers l'avant. En position stable, contre-attaque avec un coup de poing au bas-ventre.

4. Défense avec coup derrière les coudes et enroulement des bras

Contre un étranglement, alors que le poids du corps de l'agresseur est placé sur le haut du corps du partenaire, coup porté sous les coudes. Ce coup porté légèrement au-dessus des coudes peut endommager durement cette

4. Défense avec coup derrière les coudes et enroulement des bras - suite

articulation, surtout si les bras de l'attaquant sont tendus. Enroulement des bras, poussée du bassin et projection en diagonale. Une fois en position sta-

4. Défense avec coup derrière les coudes et enroulement des bras - fin

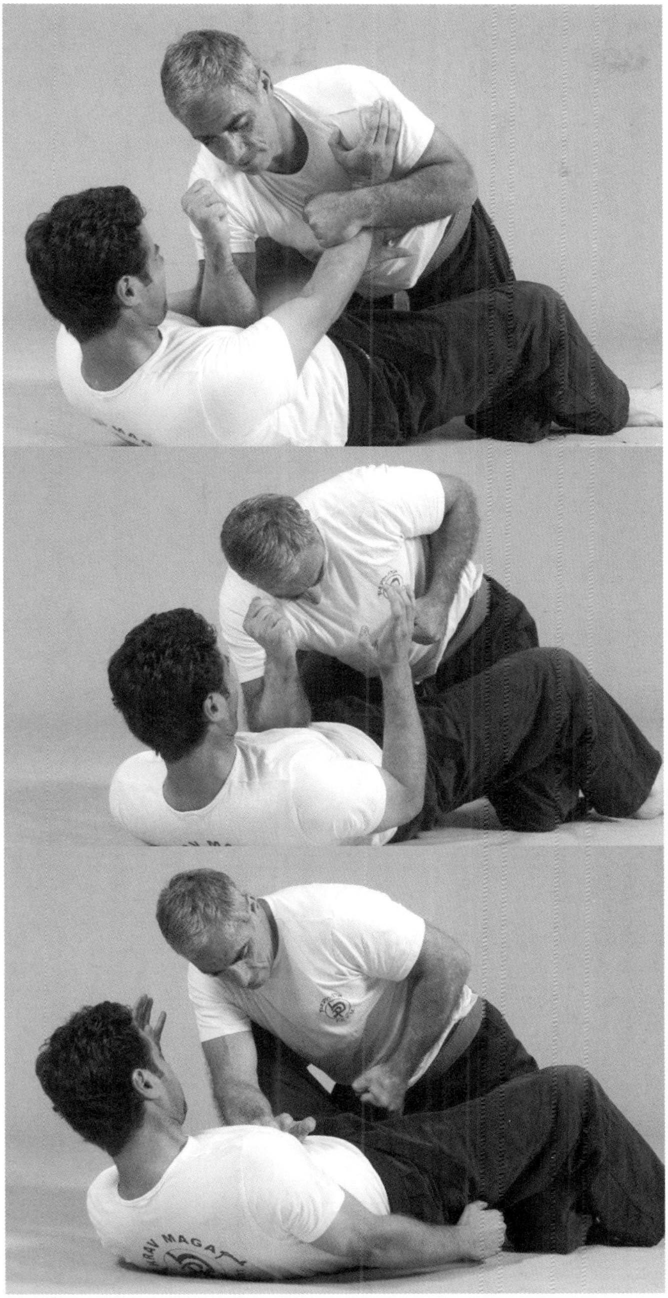

ble, vous pouvez terminer avec différentes frappes comme un coup de coude au plexus et un coup de poing au bas-ventre.

5. Défense avec tirage des cheveux

Dégagement d'étranglement alors que les deux têtes sont rapprochées : crochetage de l'une des mains qui étranglent et prise des cheveux de l'agresseur en tirant de l'autre main. Si l'attaquant n'a pas de cheveux, on peut

5. Défense avec tirage des cheveux - fin

exercer une pression du doigt sur l'œil. Poussée de l'adversaire sur le côté pour le retourner. Une fois en position stable sur un genou, vous pouvez contre-attaquer avec une pique de la pointe des doigts à la gorge.

6. Défense avec torsion du poignet gauche

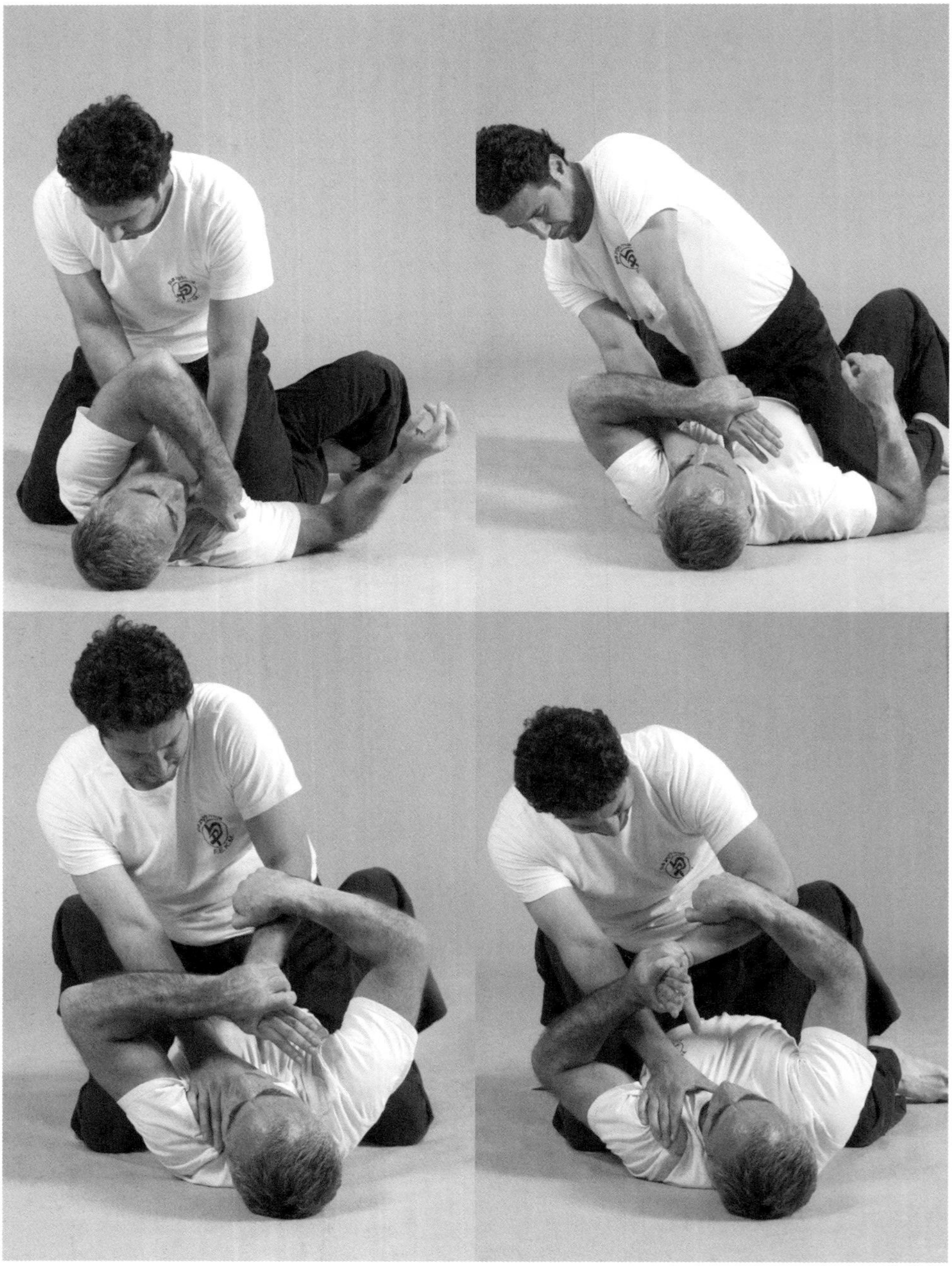

Dégagement en tournant le bras de l'agresseur (contre un agresseur ayant son centre de gravité placé vers le haut). Tout en effectuant une torsion du poignet, repliez le bras de l'agresseur sur lui-même. Basculez le bassin et

6. Défense avec torsion du poignet gauche - fin

déséquilibrez l'agresseur sur le côté, tout en maintenant les saisies aux niveau du poignet et de l'avant-bras. Après la bascule, dégagez-vous et mettez-vous en appui sur les genoux. Vous pouvez finir en clé comme démontrée en page 72.

6bis. Défense avec torsion du poignet droit

Il s'agit du même enchaînement que celui présenté dans les pages 82 et 83 mais effectué de l'autre côté (sur l'autre poignet). Ici, vous allez basculer du côté droit c'est-à-dire toujours du côté opposé à la saisie du poignet.

XI. DÉGAGEMENTS D'ÉTRANGLEMENTS AU SOL - SUITE

6bis. Défense avec torsion du poignet droit - fin

Si vous voulez terminer avec une clé, vous vous retrouverez dans la position de la dernière photo de la page 70.

7. Défense avec coup derrière les coudes et enroulement d'un bras

Le début de cet enchaînement est le même que celui présenté en page 77. Lorsque vous vous êtes libéré, avec un coup derrière les coudes, des mains qui vous étranglaient, enroulez l'un de vos bras autour d'un des bras de l'a-

7. Défense avec coup derrière les coudes et enroulement d'un bras - suite

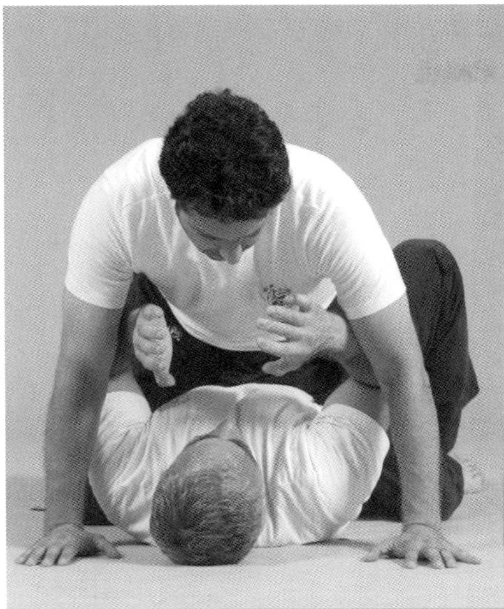

gresseur (ici, votre bras droit enroule son bras gauche) et verrouillez la prise en posant votre main sur son épaule. Effectuez le mouvement classique de bascule du bassin et de pivot pour provoquer un déséquilibre.

7. Défense avec coup derrière les coudes et enroulement d'un bras - fin

Pendant le renversement, votre avant-bras libre vous sert à mieux contrôler le corps de l'adversaire. Les contre-attaques pourront se faire en pique à la gorge ou frappes aux parties génitales, par exemple.

XII. DÉGAGEMENTS D'ÉTRANGLEMENTS AU SOL

L'AGRESSEUR EST ASSIS SUR LE CÔTÉ

XII. DÉGAGEMENTS D'ÉTRANGLEMENTS AU SOL

1. Défense avec coup de tibia circulaire

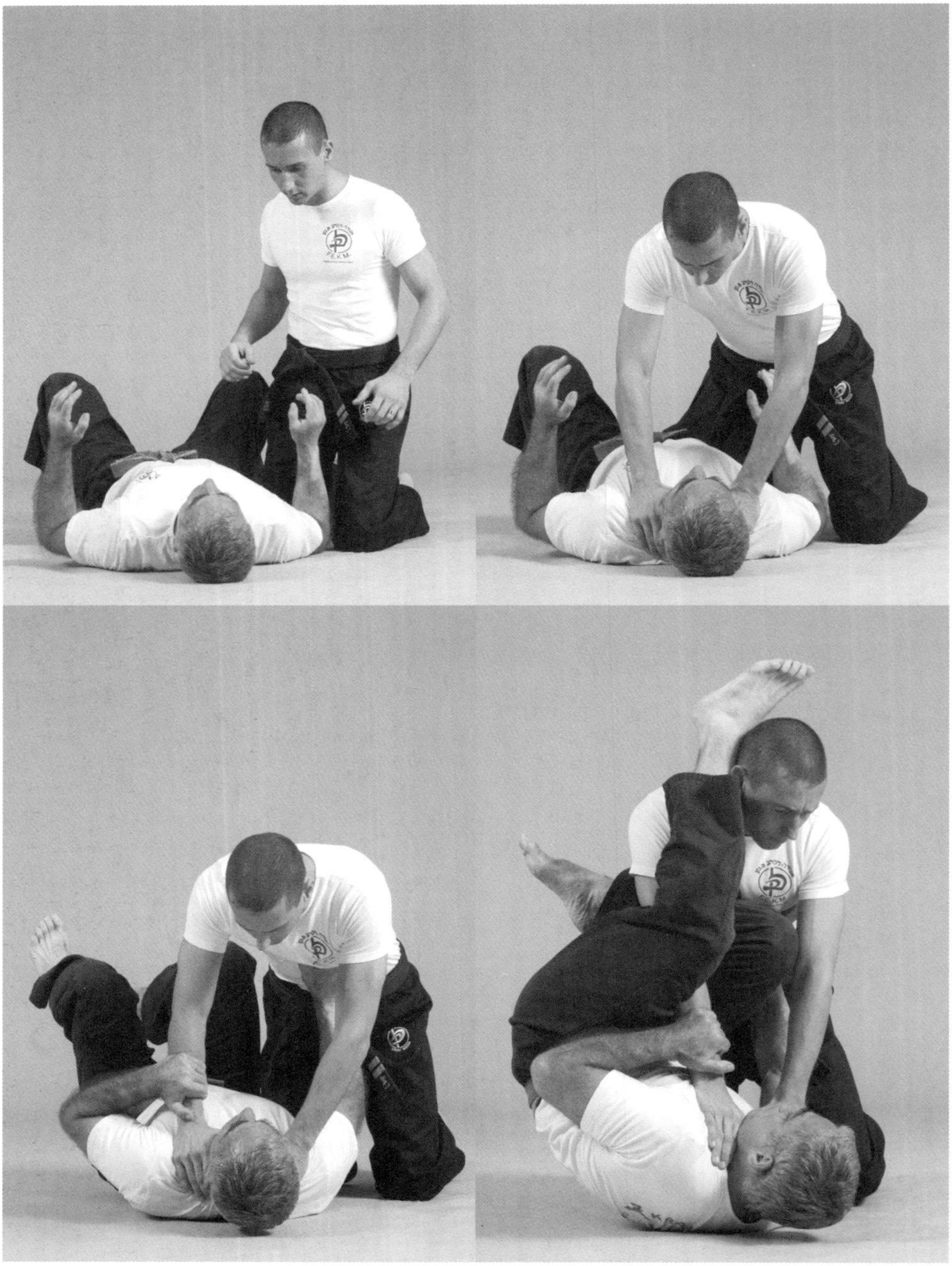

Crochetage d'une des mains qui étranglent, éloignement de l'agresseur en poussant de l'autre main, et introduction du genou sous le buste. Coup porté à la tête avec le tibia.

2. Défense avec coup de talon

Même principe que pour la technique précédente mais cette fois on ramène la jambe disponible et on la détend vers le haut pcur porter un coup de talon sous le menton.

XII. DÉGAGEMENTS D'ÉTRANGLEMENTS AU SOL - SUITE

3. Défense avec clé de bras

Même exercice mais, au lieu d'un coup de pied, enroulement de la tête avec la jambe en l'amenant au sol. On termine avec une clé au bras (comme démontrée ici) mais on pourrait aussi donner un coup de talon. Si l'adversai-

3. Défense avec clé de bras - fin

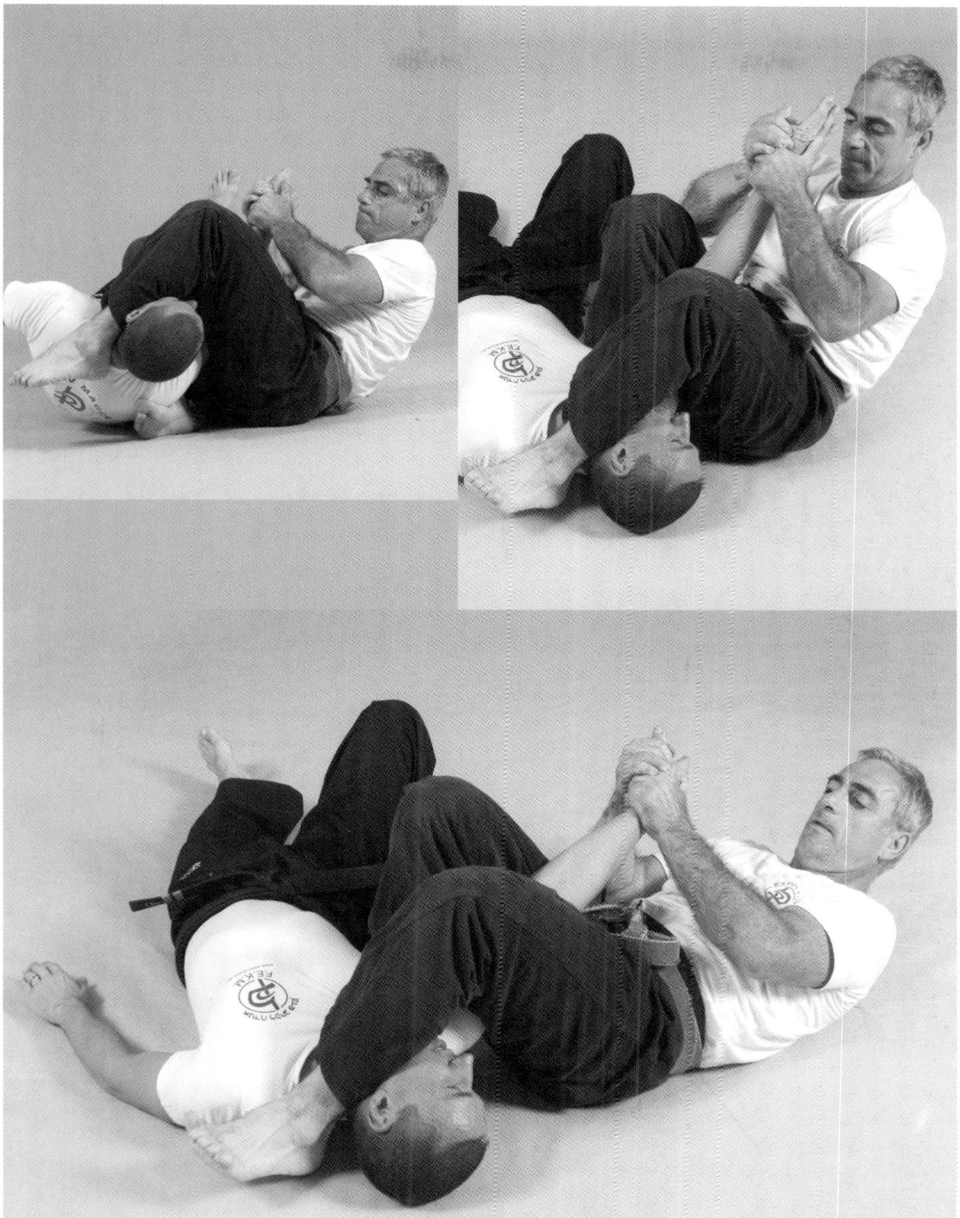

re parvient à résister après l'enroulement de la jambe, on le fait tomber dans l'autre direction jusqu'à l'amener au sol sur le ventre où on lui porte aussi une clé au coude.

4. Défense avec bascule et étranglement en contre

Dégagement de prise cou sur le côté : prise d'un point sensible de la tête de l'agresseur, on repousse vers l'arrière et on effectue une rotation pour faire basculer l'agresseur sur le côté. En principe, c'est la pression sur l'oeil qui

4. Défense avec bascule et étranglement en contre - suite

permet d'amener la tête vers l'arrière. Vous vous retrouvez ensuite dans une position où vous pouvez placer un étranglement, une clé de bras ou des frappes.

4. Défense avec bascule et étranglement en contre - fin

Nous avons illustré ici une contre-attaque avec un étranglement à deux bras. Serrez vos mains l'une dans l'autre, montez sur un genou et exercez une pression vers le bas avec la tête et tout le corps. L'agresseur ne peut plus respirer.

XIII. COMPLÉMENTS DE TECHNIQUES AU SOL

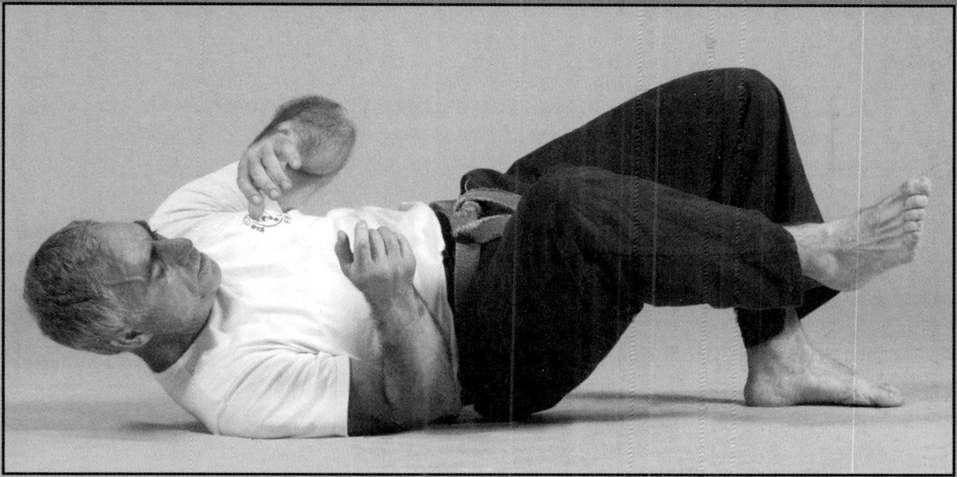

XIII. COMPLÉMENTS DE TECHNIQUES AU SOL

1. Déplacement sur un côté

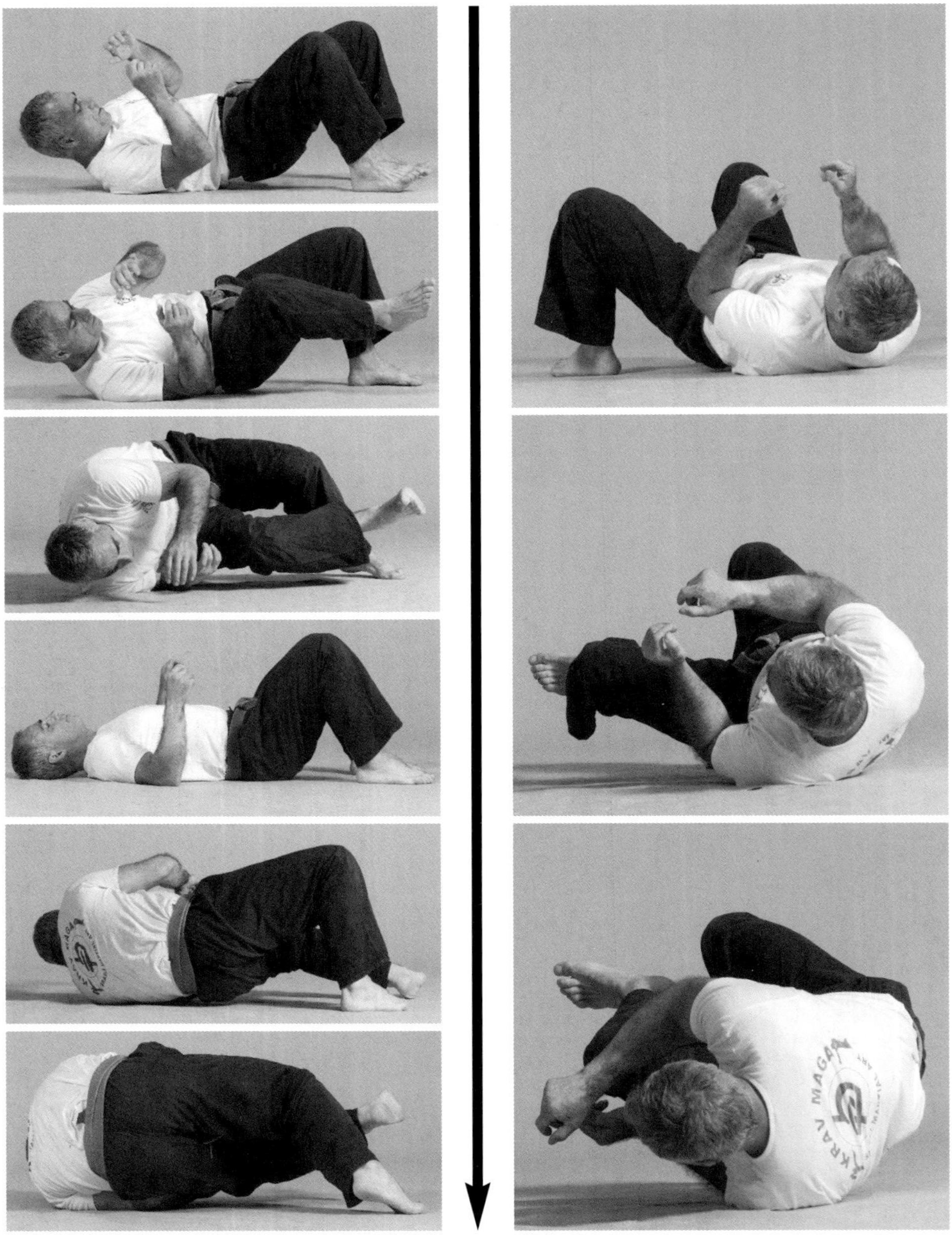

Déplacement sur un côté et l'autre en utilisant les hanches. Nous ne pouvons passer à côté de ce déplacement inspiré du Jiu-jitsu Brésilien et facilitant considérablement les déplacements au sol. Il faut pouvoir effectuer ce mouvement à droite comme à gauche selon les opportunités.

2. Renversement avec clé de bras

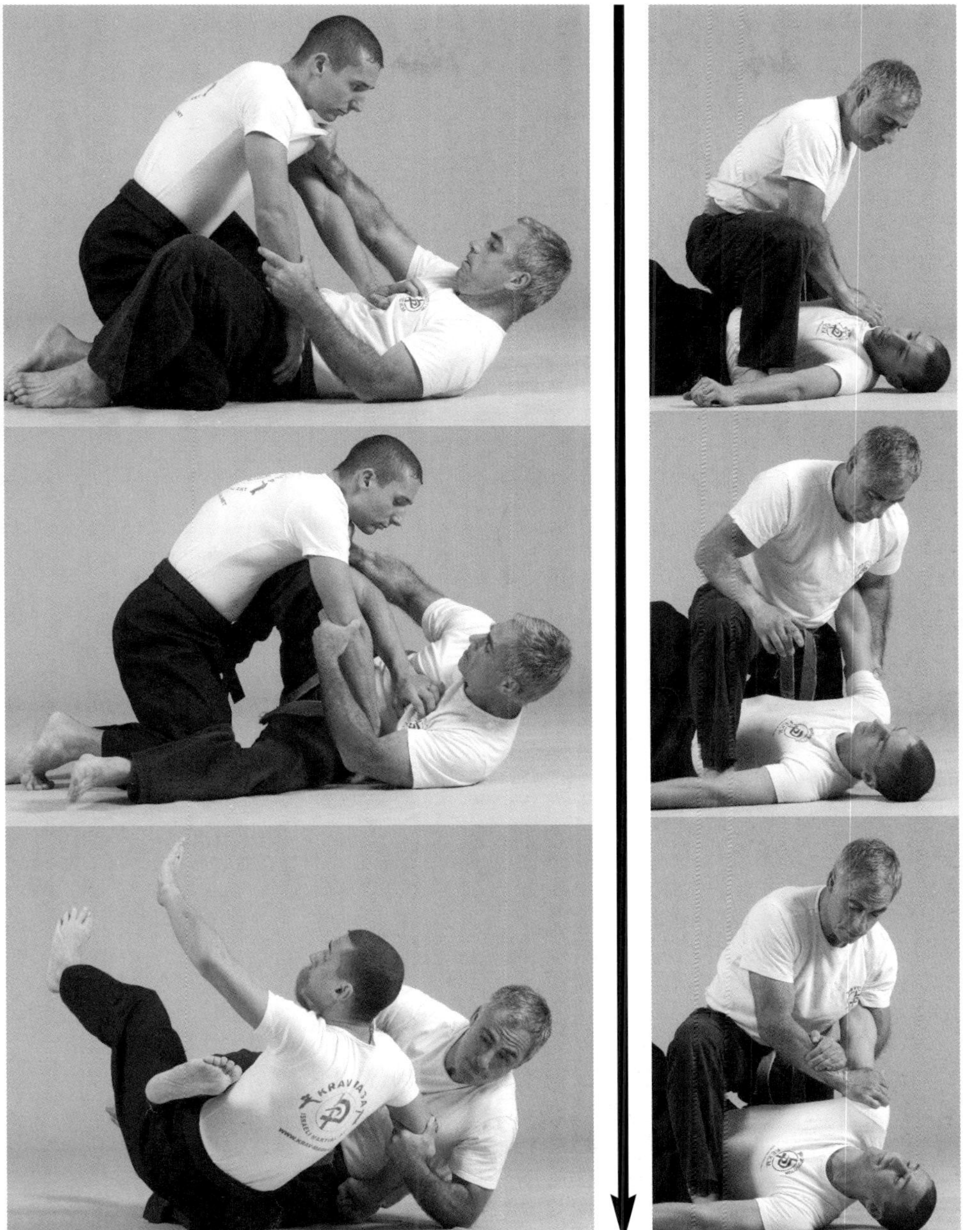

Voici un retournement de base qu'il faut maîtriser car il permet de récupérer l'avantage dans le combat au sol. Ce retournement est associé ici à une clé de bras lorsque vous vous retrouvez en position supérieure. Votre main saisit votre poignet et vous bloquez l'épaule en forçant sur le coude adverse.

3. Renversement avec contre-attaque au visage ou aux yeux

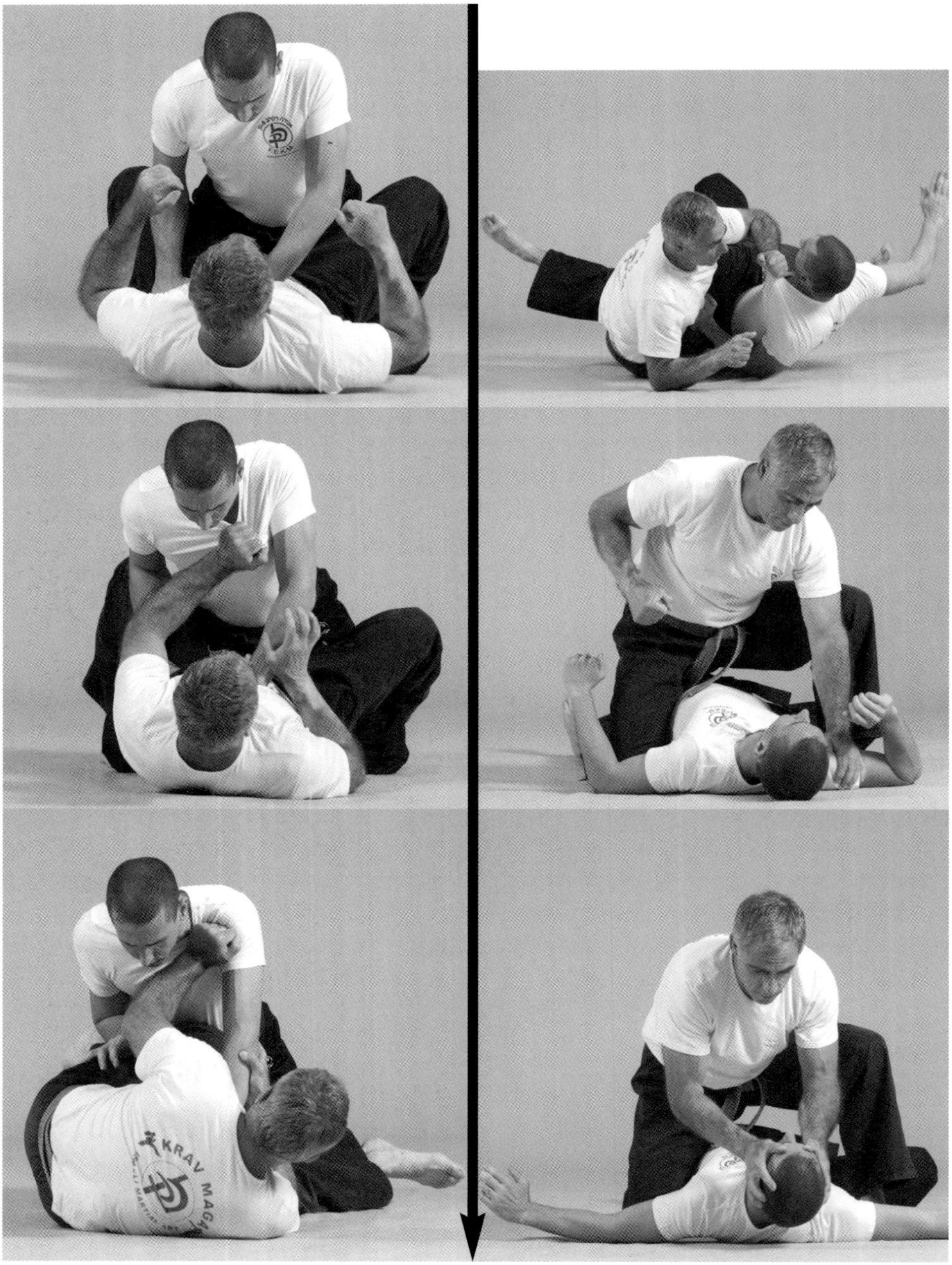

Le même renversement, associé ici à des contre-attaques variées, toujours après avoir repris l'avantage de la posture : soit un coup de poing au visage, soit avec une pression des pouces sur les yeux.

XIV. DÉGAGEMENTS DE DEUX PERSONNES QUI SAISISSENT LES MAINS

XIV. DÉGAGEMENTS DE DEUX PERSONNES QUI SAISISSENT LES MAINS

1. Dégagement avec levier du coude puis clé de poignet

Dégagement en faisant levier aidé du coude. Exercez-vous à bien maîtriser ces deux techniques avant de passer à l'enchaînement suivant (page 103). Ici le coude bascule et plonge vers le bas pour libérez votre poignet, puis votre autre main remonte et se place sur le poignet du deuxième agresseur.

2. Dégagement avec coups de pieds, levier du coude et clé de poignet

Vous effectuez d'abord un coup de pied pour chaque agresseur, puis vous effectuez le même enchaînement que précédemment (page 102). Ensuite, vous commencez à pivoter vers l'agresseur dont vous contrôlez les bras.

2. Dégagement avec coups de pieds, levier du coude et clé de poignet - fin

LE CONSEIL
Lorsqu'un troisième assaillant arrive alors que le partenaire est déjà saisi par deux autres, c'est ce troisième assaillant qu'on devra attaquer en premier avec un coup de pied.

Les coups de pieds donnés en premier aideront à la réalisation des dégagements des mains en affaiblissant les agresseurs. Après le pivot, baissez votre clé de poignet pour entraîner l'agresseur au sol, et coup de pied au bas-ventre. Il vous est ensuite possible de vous mettre à l'abri.

XV. COMBAT 2X2 MINUTES AVEC PROTECTIONS

Combat sans arme, deux fois 2 minutes avec 30 secondes de repos entre les reprises. Les coups sont portés. Toutefois un certain nombre de consignes de sécurité sont à respecter :

- si un combattant est durement touché, l'enchaînement qui suit doit être léger ou stoppé suivant le degré de dureté.
- si un combattant a l'occasion de donner un coup de tête, celui-ci doit être simulé.
- si un combattant a l'occasion de toucher des endroits non protégés et fragiles comme les cervicales, le coup doit être simulé.
- si un combattant est touché à la coquille, il doit rompre et faire un pas ou deux de côté pour signifier au minimum l'avantage qu'aurait pris son partenaire.

Les candidats ne sont pas jugés au nombre de points. Ils sont évalués sur leur attitude générale et non en fonction du gagnant ou du perdant. Ils ne doivent pas se dérober et faire preuve de courage, de détermination, de lucidité, de sang-froid, d'un minimum technique et de respect du partenaire.

Protections obligatoires. Gants de Boxe minimum 12 oz, coquille, protège-tibias. Protège-genoux et protège-dents recommandés.

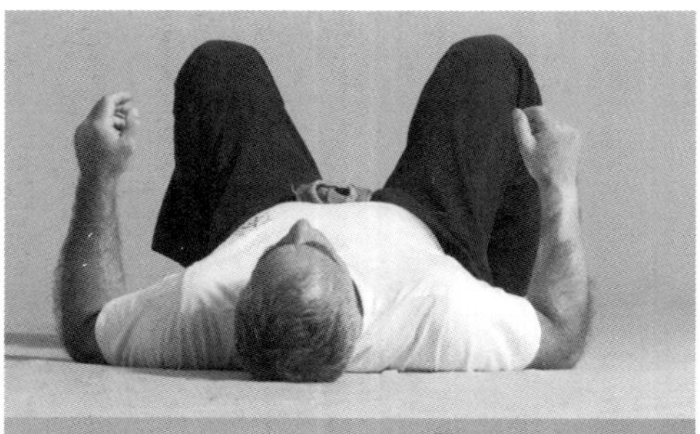

ORGANIGRAMME DU KRAV-MAGA

F.E.K.M
Richard DOUIEB
Tel./Fax.: 03.23.85.29.48
www.krav-maga.net
webmaster@krav-maga.net

Nordic Krav-Maga Association
Finlande
Ari KANGAS
www.krav-maga.fi

Association Krav-Maga Poland
Pologne
Piotr TARNAWSKI
Wlodek KOPEC
www.kravmaga.org.pl

Associazione Italiana
de Krav-Maga-R.D.
Italie
Paolo GHIONZOLI
www.associazioneitalianakrav-maga.com

Federacion Espanola de
Krav-Maga
Espagne
Alexandre OROZCO
Carlos ALAIZ
www.kravmaga-fekm.com

Fédération Belge de
Krav-Maga
Belgique
Christophe CLAVIER
www.kravmaga-rd.be

Fédération Suisse de
Krav-Maga
Suisse
Christian CROSET
www.krav-maga.ch

Federaçao Portuguesa de
Krav-Maga
Portugal
Paulo PEREIRA
www.kravmagaportugal.com

British Krav-Maga Federation
UK
Tomasz MAGDANSKI
Rémi LESSORE
www.bkmf.org.uk

Paris et région parisienne

PARIS :

Paris 9ème : Richard DOUIEB : 03.23.85.29.48 / webmaster@krav-maga.net
Paris 5ème et 7ème : Cyrille SCHUSTER : 06.25.95.64.96 / cyrille.schuster@wanadoo.fr
Paris 7ème : Reine-Judith OLIVIER reine.judith@free.fr
Paris 10ème (Police) : Christophe PHILIPPE : 06.23.55.47.35 / www.krav-maga.fr
Paris 10ème : Teddy DE BAERE : 06.14.68.32.56 / www.cfkm.fr
Paris 11ème : Julien ALVES/Leo ATIA/Denis PLENAMENTE :06.17.528.582 / www.kmud.info
Paris 11ème : Vincent HOVASSE : 01.55.25.29.29 / http://paris.kajyn.com
Paris 14ème : Teddy DE BAERE : 06.14.68.32.56 / www.apkm.fr
Paris 15ème : David FITOUSSI : 06.68.44.47.04 / www.krav-maga-paris.com
Paris 16ème : Jimmy HUVET : 06.03.34.82.68 / askeg.jh@gmail.com
Paris 16ème et 17ème : Michaël OBADIA/Benjamin SARFATI: 06.78.91.23.40 / www.kravmaga17.fr
Paris 19ème et 20ème : Julien ALVES/Léo ATIA/Denis PLENAMENTE : 01.42.49.59.59 / www.kravmaga-lilas.com

VAL DE MARNE :

Créteil (94): Véronique VALLOT et Jérôme SOUSSAND : 06.14.47.73.46 / jyss73@free.fr
Gentilly : Arnaud ROGUES de FURSAC : 06.62.09.60.05 / www.club-kravmaga.fr
Villejuif (94): Fabrice PRAT 06.49.23.24.95 / www.kravmaga94.fr
St-Maur (94): Jérôme SOUSSAND/Grégory PFEFERBERG 06.14.47.73.46 / www.body-vip.fr

HAUTS DE SEINE :

Boulogne-Billancourt : Cyrille SCHUSTER/Eric TAGLIANA/Yann VEILLERANT / 06.82.10.49.61 / www.kmc92.fr
Courbevoie : Yvan PEYROT : 06.21.58.86.30/ www.akmd.fr
Levallois-Perret (92) : Eric ROUX : 06.09.15.99.32 / eric.roux@logicacmg.com
Neuilly/Seine (92) : Mickaël BENSADOUN/Patrick HADJEDJ: 06.80.14.93.88 / www.kravmaga92.com
Saint-Cloud : Cyrille SCHUSTER/Eric TAGLIANA/Yann VEILLERANT / 06.82.10.49.61 / www.kmc92.fr
Suresnes : Cyrille SCHUSTER/Eric TAGLIANA/Yann VEILLERANT / 06.82.10.49.61 / www.kmc92.fr

SEINE SAINT-DENIS :

Aulnay-sous-Bois (93): Amine EL KHALFI : 06.66.05.72.80 / www.cakm-sc.com
Le Raincy (93): Arnaud ROGUES de FURSAC/Gilles BERTHOMMIER : 06.72.70.99.28 / www.club-kravmaga.fr
Montfermeil (93): Pascal TRAN / www.dsa-club.com
Saint-Denis (93) : Djamel OUAZINE : 06.75.05.49.00 / www.eddkm.com

YVELINES :

Elancourt (78) : Patrick CINO : http://krav.maga.yvelines.free.fr

ESSONNE :

Crosne (91) : Jean-Michel DAGISTE : 06.66.61.79.26 / www.kravmaga91-crosne.fr

VAL D'OISE :

Andilly (95) : Jean-Luc REGNIER : 06.73.02.50.66 / www.kravmaga-95.com
Enghien-les-Bains (95) : Bruno LORET : 06.88.75.87.44 / www.krav-maga95.com
Herblay (95) : Jean-Luc REGNIER : 06.73.02.50.66 / www.kravmaga-95.com
Saint-Brice-la-Forêt (95) : Jean-Luc REGNIER : 06.73.02.50.66 / www.kravmaga-95.com
Vemars (95) : Michaël OBADIA: 06.78.91.23.40 / www.kravmaga95.com

Autres régions :

ALSACE :

Herbsheim (67) : Aldo MAZZUCHETTI : 03.88.74.77.81 / mazzuchettialdo@orange.fr
Strasbourg / La Wantzenau (67) : Gilles HASSINE : 07.77.39.46.84 / www.strasbourg-kravmaga.com
Strasbourg/Schiltigheim (67) : Grégory AYMÉ : 06.27.32.81.38 / www.schiltigheimkravmaga.com

Strasbourg (67) : Etienne SPENATO : 06.03.30.39.84
Mulhouse (68) (Sapeurs-pompiers) : B. SCHOENENBERGER 06.73.07.03.85 / www.68kravmagamulhouse.sitew.com

AQUITAINE :

Bordeaux (33) : Sébastien VICENTINI : 06.64.11.81.45 / www.adam-bordeaux.fr
Nerac (47) : Sébastien RIBO : 06.84.16.21.56 / http://ckm47.pagesperso-orange.fr
Pau (64) : Jean-Pierre DEMAY : 06.79.68.06.27/ www.paukravmaga.fr
Sarlat (24) : Joël LELEVIER : 06.73.37.06.99 / www.kravmaga-perigord.fr

AUVERGNE :

Clermont-Ferrand (63) : Laurent GRAND : 06.31.69.42.32
Montluçon (03) (Gendarmerie) : Didier SANGARIA didier.sangaria@yahoo.fr

BOURGOGNE :

Dijon (21) : Roger RAMASSAMY : 06.69.04.39.35 / www.krav-maga-dijon.fr
Dijon (21) : Fabrice PRAT : 06.49.23.24.95 / www.selfdefense21.com
Dijon (21) : Mathieu THION : 06.07.64.75.76 / www.kmco.fr

BRETAGNE :

Fougères (35) : Pascal PRIOUL : 06.09.51.24.08 / pascal.prioul@orange.fr
Hennebont (56) : Aziz SAMAHAT : 06.63.62.69.71 / a.samahat@hotmail.fr
Ploeren (56) : Dominique LE BRETON : 06.09.47.39.77 / l.dominique411@aliceadsl.com

CENTRE :

Champhol (28) : Anicet SAFFON : 06.70.29.43.74 / www.krav-magachamphol.com
Montargis (45) : Sony AZENCOTT : 06.64.12.61.86 / http://kravmontargis.e-monsite.com
Tours (37) : Thomas EUZENAT 06.83.58.76.85 / www.kravmaga37.com

CHAMPAGNE-ARDENNE :

Epernay (51) : Eric SMITH : 06.23.00.29.13 / www.kravmaga-champagne.fr
Sézanne (51) : Denis DOYARD: 06.18.53.46.92 / denis.doyard@live.fr

FRANCHE-COMTE :

Besançon (25) : Morand HAKKAR : 06.80.48.79.32 / besancon.budo@free.fr

LANGUEDOC-ROUSSILLON :

Agde (34) : Laurent BODART : 06.16.68.86.97 / laurent.bodart@wanadoo.fr
Béziers (34) : Jean-François GARRIGUES : 06.50.49.33.02 / https://sites.google.com/site/fdsbeziers/
Carcassonne (11) : Grégory CAUBET : 06.22.89.40.70 / www.krav.fr
Castelnaudary (11) : Stéphane VIOT : 06.63.36.81.72 / kravmaga.castel@yahoo.fr
Mauguio-Carnon (34) : Jean-Charles AMAR/David ALLOUCHE : 06.79.82.22.09 / www.ck3m.fr
Montpellier – St Pargoire (34) : Franck CONEJERO : 06.31.41.66.61 / www.montpellierkrav-maga.fr
Perpignan (66) : Gérard LACAZE : 06.65.63.20.01 / http://kravmaga66.club.sportsregion.fr
Saint-Affrique (12) : Jean-David DURAND: 06.87.60.91.61 / www.club-kmsa.net
Sète (34) : Laurent DARMON : 06.07.54.22.68 / marsouin34@yahoo.fr

LIMOUSIN :

Limoges (87) : Philippe BELLOCQ/Maurice MORANGE : 06.62.58.45.05 / www.club-krav-maga-87.com

LORRAINE :

Cattenom (57) : Yannick FEDERKEIL : 03.82.52.73.16 / www.kravmagamoselle.com
Rehon (54) : Jean-Marc ACHOURI : 06.62.37.52.98 / jmachouri@yahoo.fr
Metz (57) : Yannick FEDERKEIL : 03.82.52.73.16 / www.kravmagamoselle.com

MIDI-PYRENEES :

Blagnac (31) : Christopher PANIER-BERNARD: www.kravmaga-rabastens.com
Caussade (82) : Grégory CAUBET : 06.22.89.40.70 / www.krav.fr
Rabastens (81) : Christopher PANIER-BERNARD : www.kravmaga-rabastens.com
Ramonville (31) : Grégory CAUBET : 06.22.89.40.70 / www.krav.fr

Roques (31) : Grégory CAUBET : 06.22.89.40.70 / www.krav.fr

Saint-Gaudens (31) : David MASSET : 06.87.26.35.93

Toulouse (31) : Cherif KADI : 06.10.43.40.00 / www.kravmaga-toulouse.com

Toulouse (31) : Grégory CAUBET : 06.22.89.40.70 / www.krav.fr

NORD-PAS-de-CALAIS :

La Madeleine (59) : Gilles GROSJEAN : 06.85.35.36.97 / www.kravmaga59.com

Lille – Fretin (59) : Gilles GROSJEAN : 06.85.35.36.97 / www.kravmaga59.com

Rinxent (62) : Arnauld LEE : 06.16.70.42.12 / arnauldlee@live.fr

Saint-Omer (62) : Jacques LEFEBVRE : lefebvrejacques8251@neuf.fr

BASSE NORMANDIE :

Caen (14) : Marco DALPONT : www.krav-maga14.com

Cherbourg (50) : Sébastien AUGEARD : 06.87.80.53.34 / kravmagacherbourg@hotmail.fr

St-Germain de Corbéis (61) : Dominique FAGUIER : 06.84.83.70.20

PAYS-de-LOIRE :

Nantes (44) : Nolwenn LE MOANN : 06.99.05.48.59 / www.abkravmaga.fr

PICARDIE :

Château-Thierry (02) : Anne-Gaëlle BARTHE : 06.03.34.79.56 / http://kanazawakaratedo.free.fr

PROVENCE-ALPES-COTE d'AZUR :

Aix-en-Provence (13) : Jérôme DI MARTINO : 06.79.68.34.79 / http://kravmagaaix.free.fr

Aix-en-Provence (13) : Jean-Marc COLOMBERO : 06.84.93.10.20 / www.asta-eguilles.fr

Antibes / Nice / Vence (06) : Michaël KAMGA : 06.03.69.83.73 / www.nicekravmaga.com

Avignon (84) : Patrik MAREK : www.pkma.eu

Frejus (83) : Dominique LUHERN : 06.89.49.46.30 / AupiVedo@aol.com

Gap (05) : Franck BOUCHER : 06.64.14.73.35 / www.kravmagaclubgapencais.com

Hyères (83) : Christophe ARTERO : 06.72.76.52.96 / http://kravmagahyeres.free.fr

La Gaude (06) : Xavier GAUWIN : 06.24.09.68.39 / www.kravmagapaca.com

Marseille (13) : Samuel NAHON : 06.16.37.81.47 / www.kravmaga-marseille.fr

Nice (06) : Maxime CHAULET : 06.63.06.83.06 / www.kravmaga-med.com

Ramatuelle (83) : Jérôme FAURE : 06.70.30.24.69 / http://perso.orange.fr/kravmaga83/

Sainte-Baume (83) : Eric ROMBI : 06.13.32.10.60 / http://epkm.free.fr

Toulon (83) : Claude GHIBO : 06.70.87.91.63 / http://kravmagatoulon.free.fr

RHONE-ALPES :

Bonneville/Mont Saxonnex (74) : Yvon et Christophe TREBILLOD : 06.81.31.86.05 / www.kravmaga73.com

Firminy (42) : Christophe JONCOURT : 06.77.77.10.08 / www.kravmagaloire.fr

Grenoble (38) : Philippe CEDIT : 06.75.41.26.87

Haut Pilat (42) : Jean-Marie ARAEZ : 06.82.66.42.90

Lyon (69) : Steve SCHMITT : 06.79.61.28.82 / http://kravmagalyon.com

Lyon (69) : Daniel RUOCCO : 06.15.74.53.20 / daniel.kravmaga@live.fr

Montmélian (73) : Philippe CEDIT / Patrice LORAUD : 06.75.41.26.87 / www.kravmaga73.com

Saint-Chamond (42) : Christophe JONCOURT : 06.77.77.10.08 / www.kravmagaloire.fr

Saint-Prim (38) : Vincent PASTOR : 07.77.84.92.00 / www.kmpv938.fr

Savigneux (42) : Christophe JONCOURT : 06.77.77.10.08 / www.kravmagaloire.fr

Ville-la-Grand (74) : Nathalie GERMANO / Rémi MARTI : 06.48.52.18.98 / www.kravmaga73.com

REUNION :

Bras-Panon (97) : Olivier MONDOR : 06.92.29.84.99 / mondor@wanadoo.fr

St-François (Gendarmerie) : Fabrice Fontaine : 06.92.30.88.21 / fabrice.fontaine974@gmail.com

Tampon (97) : Jean-Constant HOARAU / Jimmy LAFFUTEUR : 06.92.76.93.61 / krav-maga97430@hotmail.fr

Chez le même éditeur

Anatomie d'une détermination : Jean Claude Van Damme, Philippe Graton
Apprenez vos Katas de base du Karaté Shotokan, Michaël Milon
Arts Martiaux Artistiques, techniques de base et avancées, Stéphane Anière
Bruce Lee, l'homme derrière la légende, Marcos Ocana
Chuck Norris, au delà des défis, ma vie, Chuck Norris
Combat libre, Pankido Tome II, Patrick Lombardo
Coups de pieds, techniques de base et supérieures, Jean Frénette
La diététique du sportif, Damien Galtier
Encyclopédie des Arts Martiaux, éditions 2006, Patrick Lombardo
Histoire du Karaté Do, Kenji Tokitsu
J'apprends le Kravmaga, tome 1, Richard Douieb
Jun Fan Gung Fu, François Arambel
Kali, Arnis, Escrima, Eric Laulagnet
Karaté-do, enchaînements de combat, Jean Frénette
Karaté-do Shito-ryu, Hidetoshi Nakahashi
Katas Officiels, Karaté do Shotokan, Jean-Pierre Fischer
Kravmaga en action, Richard Douieb
Kravmaga Self-défense, Richard Douieb
Kung fu Wing Tsun Traditionnel, Serge Parisi
Ma nouvelle méthode de Stretching, Jean Frénette
Mamuel d'intervention des pros de la sécurité, Thierry Delhief
Muay-Thaï Kick-boxing, Jérôme Le Banner
Ninjas, histoire et tradition, Sylvain Guintard
Ninjas, les armes du ningu, Sylvain Guintard
Pankido, le Grand Art Martial, Patrick Lombardo
Qi Gong pour la femme enceinte, Roger Itier
Shaolin Kung-fu, Guillaume Morel et Johann Vayriot
Stenka, Valeriy Maistrovoy
Survivre face à une agression, Dr Dominique Grouille
Taekwondo 8 poomsae, Park Moon Soo
Tai chi pour la femme enceinte, Roger Itier
Techniques efficaces des arts martiaux, pankido tome 3, Patrick Lombardo
Wing Chun Kung Fu, techniques et efficacité, Sifu Didier Beddar
Wing Chun Kung Fu, Shil Lim Tao, Sifu Didier Beddar

Achevé d'imprimer en Espagne sur les presses de Sagrafic
Dépôt légal : 1er trimestre 2012